CONTEÚDO DIGITAL PARA ALUNOS

Cadastre-se e transforme seus estudos em uma experiência única de aprendizado:

1 Entre na página de cadastro:
https://sistemas.editoradobrasil.com.br/cadastro

2 Além dos seus dados pessoais e dos dados de sua escola, adicione ao cadastro o código do aluno, que garantirá a exclusividade do seu ingresso à plataforma.

2946816A8274629

CB040633

3 Depois, acesse: https://leb.editoradobrasil.com.br/
e navegue pelos conteúdos digitais de sua coleção :D

Lembre-se de que esse código, pessoal e intransferível, é valido por um ano. Guarde-o com cuidado, pois é a única maneira de você acessar os conteúdos da plataforma.

Editora do Brasil

AKPALÔ

COLEÇÃO AKPALÔ

CIÊNCIAS

Denise Bigaiski
- Licenciada em Ciências Biológicas pela Universidade Federal do Paraná (UFPR)
- Pós-graduada em Magistério Superior
- Professora do Ensino Fundamental

Lilian Sourient
- Licenciada em Ciências Sociais pela Universidade Federal do Paraná (UFPR)
- Professora do Ensino Fundamental

5º ANO
Ensino Fundamental
Anos Iniciais

CIÊNCIAS

AKPALÔ
Palavra de origem africana que significa "contador de histórias, aquele que guarda e transmite a memória do seu povo".

São Paulo, 2019
4ª edição

Editora do Brasil

Dados Internacionais de Catalogação na Publicação (CIP)
(Câmara Brasileira do Livro, SP, Brasil)

Bigaiski, Denise
    Akpalô ciências 5º ano / Denise Bigaiski, Lilian Sourient. – 4. ed. – São Paulo: Editora do Brasil, 2019. – (Coleção akpalô)

    ISBN 978-85-10-07395-0 (aluno)
    ISBN 978-85-10-07396-7 (professor)

    1. Ciências (Ensino fundamental) I. Sourient, Lilian. II. Título. III. Série.
    19-26741   CDD-372.35

Índices para catálogo sistemático:
1. Ciências: Ensino fundamental 372.35
Maria Alice Ferreira - Bibliotecária - CRB-8/7964

abdr
ASSOCIAÇÃO BRASILEIRA DOS DIREITOS REPROGRÁFICOS
Respeite o direito autoral

4ª edição / 2ª impressão, 2024
Impressão e acabamento
Lar Anália Franco (Grafilar Centro Profissionalizante Gráfica e Editora)

Editora do Brasil
Avenida das Nações Unidas, 12901
Torre Oeste, 20º andar
São Paulo, SP – CEP: 04578-910
Fone: +55 11 3226-0211
www.editoradobrasil.com.br

© Editora do Brasil S.A., 2019
Todos os direitos reservados

Direção-geral: Vicente Tortamano Avanso

Direção editorial: Felipe Ramos Poletti
Gerência editorial: Erika Caldin
Supervisão de arte e editoração: Cida Alves
Supervisão de revisão: Dora Helena Feres
Supervisão de iconografia: Léo Burgos
Supervisão de digital: Ethel Shuña Queiroz
Supervisão de controle de processos editoriais: Roseli Said
Supervisão de direitos autorais: Marilisa Bertolone Mendes

Supervisão editorial: Angela Sillos
Coordenação pedagógica: Josiane Sanson
Edição: Ana Caroline Rodrigues de M. Santos
Assistência editorial: Camila Marques e Rafael Bernardes Vieira
Auxílio editorial: Luana Agostini
Copidesque: Gisélia Costa, Ricardo Liberal e Sylmara Beletti
Revisão: Alexandra Resende, Andréia Andrade, Elaine Silva e Martin Gonçalves
Pesquisa iconográfica: Daniel Andrade, Jonathan Santos, Rogério Lima e Tamiris Marcelino
Assistência de arte: Josiane Batista e Letícia Santos
Design gráfico: Estúdio Sintonia e Patrícia Lino
Capa: Megalo Design
Imagens de capa: FatCamera/iStockphoto.com, Roman_Gorielov/iStockphoto.com e Sergey Novikov/Shutterstock.com
Ilustrações: Alex Cói, Conexão, Cristiane Viana, Dam Ferreira, Dawidson França, Fabiana Salomão, Flip Estúdio, Hélio Senatore, Henrique Machado, Ilustra Cartoon, Karina Faria, Leonardo Conceição, Luis Moura, Luiz Lentini, Marcos Guilherme, Michel Borges, Milton Rodrigues, Paula Haydee Radi, Paulo César Pereira, Rafael Herrera, Reinaldo Vignati, Robson Olivieri Silva, Ronaldo Barata, Studio Caparroz e Vagner Coelho
Produção cartográfica: Alessandro Passos da Costa, Alex Argozino, DAE (Departamento de Arte e Editoração) e Sônia Vaz
Coordenação de editoração eletrônica: Abdonildo José de Lima Santos
Editoração eletrônica: Talita Lima
Licenciamentos de textos: Cinthya Utiyama, Jennifer Xavier, Paula Harue Tozaki e Renata Garbellini
Controle de processos editoriais: Bruna Alves, Carlos Nunes, Rafael Machado e Stephanie Paparella

Querido aluno,

Este livro foi pensado e elaborado para você, que sente prazer em conhecer cada vez mais o mundo em que vivemos.

Ao utilizá-lo, com a orientação do professor, você compreenderá melhor o mundo natural e social, estará cada vez mais capacitado a agir como um cidadão e a participar das decisões sobre a própria vida e também sobre a vida das pessoas com quem convive.

Para saber como seu organismo funciona, você estudará alguns sistemas do corpo humano e aprenderá muito sobre a fonte de energia para ele funcionar: os alimentos!

E a imensa quantidade de materiais que nos cerca? Você também aprenderá sobre recursos ambientais imprescindíveis em nossa vida, como a água. Precisamos cuidar para que continuem sempre disponíveis para nosso uso, reduzindo a poluição do ambiente.

Você entrará em contato com saberes incríveis sobre o Universo que tanto nos fascina e a tecnologia que vem sendo desenvolvida para aprendermos cada vez mais sobre ele.

Contribua para sua aprendizagem: fique atento ao que dizem o professor e os colegas, faça as atividades, questione e seja crítico. E não deixe de participar dos trabalhos em equipe e discutir as ideias propostas, sempre respeitando a opinião de todos.

Sua atuação pode fazer a diferença para tornar o mundo melhor e mais justo!

Aproveite bem este ano!

As autoras

Sumário

UNIDADE 1
Os materiais e os recursos naturais ... 6

Capítulo 1: Materiais e suas propriedades....8
De que são feitos?..8
Propriedades dos materiais 9

Capítulo 2: A água na natureza 26
Água, por que preservar?...............................26
A água no planeta Terra..................................27
O ciclo da água...30
Ações humanas na natureza 31

Capítulo 3: O solo e os impactos ambientais 34
Jogando para cuidar do ambiente...............34
O solo e o subsolo 35
Consequências dos impactos ambientais.......37

Capítulo 4: Consciência ambiental 40
Cuidando do meio ambiente........................40
As embalagens e o lixo 41
O que fazer com tanto lixo?..........................44
> **Como eu vejo:** A obsolescência dos produtos 48
> **Como eu transformo:** Trocar para economizar e reutilizar..........................50

> **Hora da leitura:** Conheça os 12 princípios do consumo consciente 51
> Revendo o que aprendi 52
> Nesta unidade vimos..................................54
> Para ir mais longe 55

UNIDADE 2
Alimentação e digestão 56

Capítulo 1: Os alimentos em nossa vida... 58
Jogo dos alimentos 58
Diversidade de alimentos 59
Os nutrientes dos alimentos.........................60
Alimentos processados..................................63
Alimentação saudável....................................65

Capítulo 2: Cultura alimentar 68
Lenda da mandioca...68
A alimentação e a cultura..............................69
> **#Digital:** Tradições africanas na alimentação brasileira 76

Capítulo 3: Problemas relacionados à alimentação 78
Distúrbios nutricionais...................................78
Doenças causadas por má alimentação 79
Aproveitamento integral do alimento 83

Capítulo 4: O caminho do alimento........ 86
Como ocorre a digestão?...............................86
Sistema digestório..87

> **Hora da leitura:** Você é o que você come? 90
> **Ciências em ação:** Coma bem, sua saúde agradece 91
> Revendo o que aprendi 92
> Nesta unidade vimos..................................94
> Para ir mais longe 95

UNIDADE 3
Por dentro do corpo humano 96

Capítulo 1: Quem é vivo respira! 98
Atenção na respiração 98
Como ocorre a respiração 100

Capítulo 2: Circulação do sangue e excreção 104
Atividade física 104
Sangue: funções e componentes 105
Sistema cardiovascular 107
Excreção 112

Capítulo 3: O corpo também muda 118
Da infância para a adolescência 118
O nosso organismo também muda 119
Conhecendo os sistemas genitais 123

Capítulo 4: Os sistemas funcionam de maneira integrada 132
Alguns sistemas do corpo humano 132
A integração dos sistemas 133
Fantástico corpo humano 134

> **Como eu vejo:** Cuidados com minha saúde 138
> **Como eu transformo:** Divulgar os serviços de saúde pública 140

> **Hora da leitura:** O esquema tático do corpo humano 141
> **Revendo o que aprendi** 142
> **Nesta unidade vimos** 144
> **Para ir mais longe** 145

UNIDADE 4
Tecnologia, Universo e conhecimento 146

Capítulo 1: A tecnologia no dia a dia ... 148
Instrumentos para observação 148
Tecnologia para ver longe 149
Tecnologia para ver por cima de obstáculos 156
Tecnologia para ver em detalhes 159
Tecnologia para gravar imagens 161
Exames diagnósticos por imagem 162

Capítulo 2: Universo: astros e seus movimentos 164
Movimentos do Sol e da Lua 164
A Terra e seus movimentos 165

Capítulo 3: Lua: suas fases e o calendário 170
As fases da Lua e sua influência no dia a dia 170
A Lua e suas fases 171

Capítulo 4: Estudando as constelações ... 174
Brincando com as estrelas 174
O que são constelações 175

> **#Digital:** Programas e aplicativos que nos ajudam a entender o céu 180

> **Hora da leitura:** Tchau, Sistema Solar! 182
> **Ciências em ação:** Vivendo a Astronomia 183
> **Revendo o que aprendi** 184
> **Nesta unidade vimos** 186
> **Para ir mais longe** 187
> **Atividades para casa** 188

Referências 204
Encartes 205

UNIDADE 1
Os materiais e os recursos naturais

- O que você vê na imagem?
- O paraquedas se mantém sempre aberto? Diga uma característica do material de que ele é feito.
- Qual é a importância da água, de acordo com o que você observa na imagem?
- O que aconteceu com o solo onde não há vegetação?

CAPÍTULO 1
Materiais e suas propriedades

De que são feitos?

No dia a dia usamos diferentes objetos, como os retratados nas fotografias abaixo.

Você sabe de quais materiais eles foram produzidos? Escreva, embaixo da imagem, o nome do material. Será que você consegue acertar todos eles?

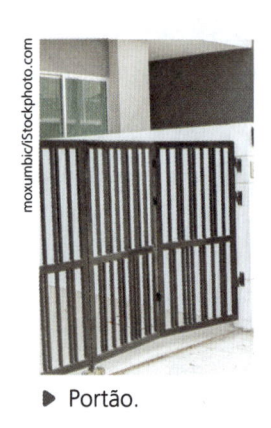

▶ Portão.

▶ Frascos e garrafas.

▶ Pneus de carro.

▶ Camisetas.

▶ Frascos e embalagens.

As imagens não estão representadas na mesma proporção.

1. Converse com os colegas e o professor sobre o uso de cada produto mostrado nas imagens.

2. Analise as características de cada objeto e relacione-as ao uso deles.

3. Por qual motivo esses objetos foram produzidos com esses materiais? Eles poderiam ser feitos de outros materiais? Quais?

Propriedades dos materiais

A maioria dos objetos que utilizamos e as construções à nossa volta são feitas com diferentes materiais retirados da natureza. Cada um tem determinadas características, chamadas **propriedades**, que nos permitem utilizá-los para algumas finalidades e dificultam que sejam usados em outras situações.

Um portão, por exemplo, geralmente é feito de material resistente, que não quebra nem se deforma facilmente, como o portão de ferro mostrado na página anterior.

O pneu é feito de material com boa elasticidade para que volte à forma inicial após se chocar com o solo, devendo, além disso, ser durável e resistente. O pneu é produzido com borracha natural, retirada de uma árvore chamada seringueira, mas também tem em sua composição outros materiais, como uma borracha especial feita de petróleo, para que fique bem resistente.

Os frascos de vidro são transparentes, assim podemos ver o que está em seu interior, e não interferem no gosto dos alimentos. Uma desvantagem é o fato de o vidro ser quebrável.

As camisetas são produzidas de materiais macios, como o tecido de algodão.

Os frascos de plástico têm a vantagem de ser duráveis e resistentes. A maioria dos utensílios de plástico não se quebra facilmente quando cai. Além disso, eles são leves, o que facilita o transporte.

A matéria pode ser encontrada na natureza nos seguintes estados físicos: sólido, líquido e gasoso. Quando no estado líquido ou gasoso, os materiais assumem o formato do recipiente que os contém, definindo assim sua forma.

Veremos a seguir algumas propriedades dos materiais.

▶ A água não tem forma definida; ela se adapta ao recipiente em que está, o que define sua forma.

Massa e volume

É muito comum ouvirmos frases como estas:
– Comprei 2 quilogramas de feijão e meio quilograma de carne.
– Nesta garrafa cabem 2 litros de leite.

Na primeira frase, fala-se da **massa** do feijão e da carne. Todo material tem massa, que é medida em quilograma. O peso de um objeto ou qualquer porção de material depende de sua massa. Quanto mais massa ele tiver, maior será seu peso.

A segunda frase fala do **volume** de leite, ou seja, do espaço ocupado por esse material, que são 2 litros de leite. Mas como podemos comprovar que um material ocupa lugar no espaço? Ele ocupa espaço mesmo se for gasoso? Ele tem massa? Nas páginas seguintes faremos alguns experimentos para verificar esses questionamentos.

Na prática — Experimento

Experimento 1

Dois materiais podem ocupar o mesmo espaço?

O que ocorre com o volume de água de um recipiente quando acrescentamos um fragmento de rocha a esse recipiente?

Anote suas hipóteses e depois faça o experimento a seguir.

Material:

- jarra, béquer ou outro recipiente transparente;
- régua;
- fita adesiva;
- água;
- fragmento de rocha.

Procedimentos

1. Com a fita adesiva prenda a régua do lado de fora da jarra.
2. Coloque água na jarra.
3. Utilizando a escala da régua, meça a altura (o nível) da coluna de água dentro da jarra. Anote essa medida.
4. Coloque o fragmento de rocha, com cuidado, dentro da jarra.
5. Utilize de novo a escala da régua para medir o nível da água depois que o fragmento de rocha foi colocado na jarra.

▶ Aluno com o experimento montado.

1. De acordo com o que você observou na graduação da régua, houve diferença no nível da água? Quais foram os valores inicial e final, medidos em centímetros?

2. Que propriedade dos materiais esse experimento comprova?

3. Os resultados obtidos estão de acordo com suas hipóteses iniciais sobre:
   a) se dois materiais podem ocupar o mesmo espaço?
   b) o que ocorreria com o nível da água marcado na régua após ser colocado o fragmento de rocha?

   Comente sua resposta.

Experimento 2

O ar está em nossa volta. Você acha que ele tem massa?

Material:

- 1 vareta de 55 cm;
- 2 balões de festa;
- fio (pode ser barbante);
- alfinete.

Procedimentos

1. Encha os dois balões, de modo que fiquem do mesmo tamanho.
2. Corte dois pedaços de barbante com cerca de 30 cm de comprimento cada um e amarre cada balão a uma das pontas da vareta. A distância entre os balões e a ponta da vareta deve ser a mesma.
3. Amarre no centro da vareta um barbante e prenda-o em um ponto fixo.
4. Peça a um colega que movimente o barbante central até que os balões fiquem equilibrados.
5. Peça a seu professor que esvazie um dos balões furando-o com um alfinete.

▶ Balões de festa de mesmo tamanho pendurados na vareta.

Agora responda às questões.

1 O que ocorreu com a vareta quando um dos balões foi esvaziado? Explique o motivo.

_____

_____

_____

2 O que aconteceria com a vareta se um dos balões estivesse mais cheio de ar que o outro? Justifique sua resposta.

_____

_____

_____

Compressibilidade

Alguns materiais podem ocupar espaços menores do que o que ocupam normalmente. Eles podem ser comprimidos e manter a mesma massa, porém ocupando um espaço menor. Essa propriedade se chama **compressibilidade**. Veja o exemplo do ar.

1. Se você puxar o êmbolo da seringa, ela enche-se de ar.
2. Em seguida, se você tampar a ponta da seringa com um dedo e empurrar o êmbolo, ele cederá um pouco, mas não totalmente, porque o ar dentro da seringa fica comprimido e passa a ocupar menos espaço. Isso ocorre devido à compressibilidade.
3. Se você parar de empurrar o êmbolo, mas mantiver o dedo na ponta da seringa, o ar volta a ocupar o volume original no interior da seringa por causa da elasticidade, uma de suas propriedades.

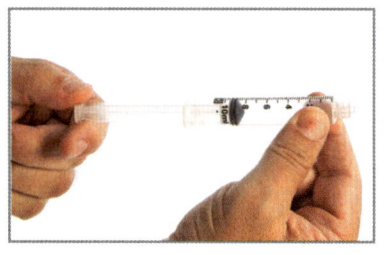

▶ Seringa com a ponta aberta e o êmbolo puxado.

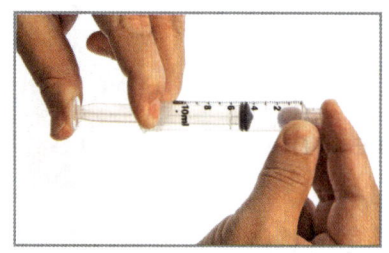

▶ Seringa com a ponta tampada e o êmbolo pressionado.

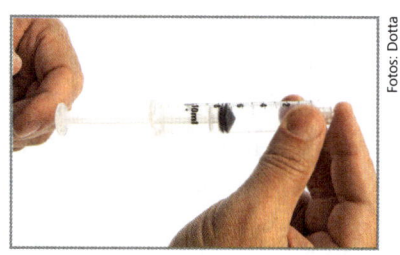

▶ Seringa com a ponta tampada e o êmbolo livre.

Fotos: Dotta

Elasticidade

A imagem ao lado mostra um elástico para prender cabelos. Ele pode ser esticado muitas vezes porque é feito de um material que retoma a forma original após ser deformado. Essa característica é a **elasticidade**.

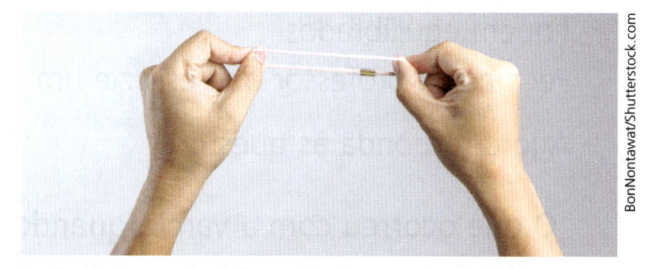

▶ O elástico, após deformado, é capaz de retomar seu formato original.

BonNontawat/Shutterstock.com

Dureza

Dureza é a propriedade que indica a resistência que um material oferece ao risco. Quanto mais difícil de ser riscado, mais duro é o material.

Essa propriedade é muito importante para a escolha do material a ser usado na produção de um objeto. Por exemplo, os fabricantes de lentes de óculos ou de telas de telefone celular usam materiais de alta dureza, que não sejam riscados pela maioria dos outros materiais.

Faça um teste para verificar, em cada dupla de material a seguir, qual é o mais duro:
- A ponta de um clipe de metal ou o giz?
- O grafite do lápis ou o papel?
- A borracha ou a madeira do lápis?

Atividades

1 Observe as imagens e faça o que se pede.

▶ Menina enche balões de festa.

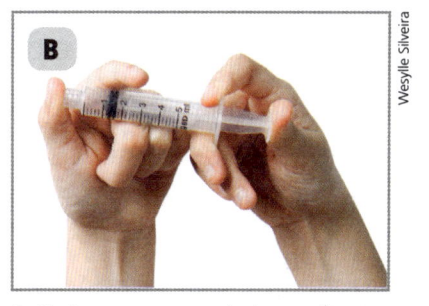

▶ Seringa com a ponta tampada e o êmbolo pressionado.

a) Na imagem A, qual é a diferença entre o conteúdo dos balões?

b) Na imagem B, é possível empurrar o êmbolo da seringa até o fim? Por quê?

2 Os três balões da imagem ao lado, quando vazios, são idênticos. Com eles, foi feito o seguinte experimento: o primeiro balão (**A**) permaneceu vazio, o segundo (**B**) foi cheio com ar e o terceiro (**C**) foi cheio com mais ar que o segundo. Pense nos possíveis resultados e assinale com **X** as alternativas corretas.

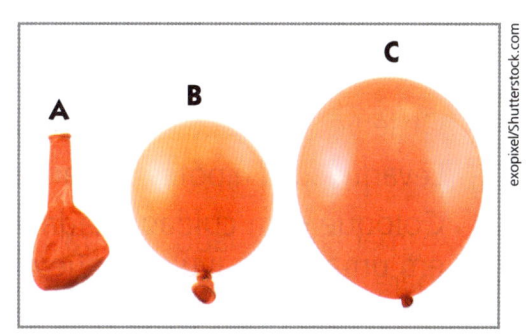

▶ Balões com diferentes quantidades de ar.

☐ Os três balões têm a mesma massa.

☐ O balão **C** tem mais massa que os balões **A** e **B**, pois ele contém mais ar.

☐ Os balões **B** e **C** têm mais massa que o balão **A**, pois ambos contêm ar.

☐ Os balões **B** e **C** têm a mesma massa, pois ambos contêm ar.

3 Considerando as propriedades dos materiais, responda às questões.

a) Que propriedade possibilita que uma roupa seja esticada e depois volte ao tamanho inicial?

b) O que é mais duro: uma faca de metal ou um bloco de manteiga no estado sólido?

c) Considere um copo de vidro e um copo de aço. Qual deles é mais frágil e qual é mais resistente?

Na prática — Experimento

Experimento 1

Quais destes objetos flutuam e quais afundam? Quais absorvem a água?

Material:

- recipiente com água;
- pedaço de papel;
- esfera de isopor;
- borracha escolar;
- pedaço de balão de festa;
- botão;
- clipe;
- pedaço de madeira.

▶ Recipiente com água e, ao lado, botão, clipe, esfera de isopor, pedaço de balão de festa, pedaço de madeira, pedaço de papel e borracha escolar.

Procedimento

1. Observe as características do material que compõe cada objeto.
2. Levante suas hipóteses e anote quais objetos vão afundar e quais vão flutuar.
3. Coloque com cuidado cada material dentro do recipiente, um por um, e anote em uma folha avulsa o que ocorre com eles na água: afunda ou flutua; absorve água, não absorve água?

Com base nos resultados do experimento, responda às questões a seguir.

1 Quais objetos flutuaram e quais afundaram?

2 Por que alguns objetos afundam e outros flutuam?

3 Quais absorveram a água?

Experimento 2

Quais dos materiais a seguir dissolvem-se na água e quais não se dissolvem?

Material:

- 5 etiquetas autoadesivas;
- 5 copos transparentes com água pela metade;
- sal;
- açúcar;

- areia;
- pedacinho de massa de modelar;
- óleo de cozinha;
- 1 colher (de café);
- palitos de picolé.

Procedimentos

1. Registre suas hipóteses no quadro abaixo.

MATERIAL	MINHAS HIPÓTESES		O QUE OCORREU	
	Dissolve	Não dissolve	Dissolveu	Não dissolveu
sal				
açúcar				
areia				
massa de modelar				
óleo de cozinha				

2. Escreva nas etiquetas o nome dos materiais e cole-as cada uma em um copo.
3. Coloque uma colher de sal em um dos copos com água.
4. Faça o mesmo procedimento com os demais materiais, misturando cada um com a água de um copo.
5. Misture bem o conteúdo de cada um dos copos usando os palitos.
6. Observe o que aconteceu e registre os resultados no quadro acima.
7. Agora, adicione mais cinco colheres de açúcar ao copo em que você já havia adicionado uma colher de açúcar e misture bem.

Responda às questões a seguir.

1 Quais materiais não se dissolveram na água?

2 O que aconteceu quando você colocou uma colher de açúcar na água?

3 O que houve quando você adicionou à água mais 5 colheres de açúcar?

Densidade

A relação entre a massa (quantidade do material) e o volume (espaço que ela ocupa) é chamada **densidade**. Quanto mais massa houver em certo volume de um material, maior será sua densidade. Assim, se um material é mais denso que a água ele afundará nela; se for menos denso, flutuará.

Você já viu galhos e folhas de plantas flutuando em rios ou lagos? Isso acontece porque tanto a madeira dos galhos quanto as folhas são menos densas que a água, por isso flutuam. Retome as anotações que você fez no Experimento 1 da página 14 e reveja a classificação dos objetos quanto à sua densidade.

O ar também tem densidade; por exemplo, se enchermos um balão com ar e outro com água no estado líquido, percebemos que há mais massa no balão com água. Portanto, nas condições normais do ambiente, a água tem mais densidade que ar. Você pode fazer esse teste colocando um balão com ar e outro com água em uma bacia com água.

Permeabilidade

No Experimento 1 você também testou a **permeabilidade**, ou seja, a capacidade de alguns materiais absorverem água. Esse fenômeno acontece porque alguns materiais apresentam porosidade, isto é, contêm espaços (orifícios) muito pequenos que permitem a entrada de água.

Solubilidade

A propriedade que você testou no Experimento 2 é a **solubilidade**. Ela possibilita que uma quantidade de uma substância se dissolva em certa quantidade de outra, chamada **solvente**. A água é uma substância com grande capacidade de dissolver outras. Por isso ela é considerada o **solvente universal**.

Veja o que acontece no organismo humano e no de outros animais: a água contida no sangue dissolve os nutrientes dos alimentos e os transporta pelo organismo. Nas plantas, essa propriedade permite que sais minerais contidos no solo sejam dissolvidos, absorvidos e transportados pela planta, possibilitando seu desenvolvimento.

▶ Pó para refresco dissolve-se na água.

Uma maneira simples de perceber que a água dissolve substâncias é preparar um refresco em pó. Ao ser adicionado à água, o refresco dissolve-se e a mistura muda de cor e sabor.

Atividades

1 Componha uma frase para cada imagem, relacionando-a com uma das propriedades descritas a seguir.

a) Capacidade da água de dissolver substâncias.

_____
_____
_____
_____

▶ Pincel com tinta aquarela em pote com água.

b) Propriedade da água que possibilita que os objetos flutuem ou afundem.

_____
_____
_____
_____
_____

▶ Boia flutua em uma piscina.

2 Mariana estava ajudando o pai a preparar uma macarronada e percebeu algumas situações interessantes associadas às propriedades dos materiais que ela havia estudado. Ajude a garota a identificar qual propriedade pode ser relacionada a cada situação descrita a seguir.

a) Mariana observou que, quando o pai colocou sal na água, o sal aparentemente desapareceu.

b) Quando o pai de Mariana colocou um fio de óleo na água, ela notou que o óleo ficou visível, isto é, não se misturou com a água, e também que ele ficou na superfície, ou seja, não afundou.

c) Da panela em que estava sendo preparado o macarrão respingaram gotas de água no fogão. Então, o pai de Mariana passou uma esponja que absorveu toda a água e secou o local.

Na prática — Experimento

Experimento 1

- É possível atrair pedaços de papel com uma caneta? Você já viu uma bexiga atrair outra bexiga?

Como você faria para obter esses resultados? Anote suas hipóteses.

Material:

- folha de papel (de preferência já usada);
- 2 canetas esferográficas de plástico;
- tesoura sem ponta;
- flanela seca;
- 2 balões de festa;
- lata metálica sem rótulo;
- fita adesiva.

Procedimentos

Parte 1 – Como atrair papéis cortados

1. Corte a folha de papel em pedaços bem pequenos.
2. Esfregue uma das canetas na flanela seca durante aproximadamente 1 minuto.
3. Logo em seguida, aproxime-a dos papéis picados.
4. Pegue a outra caneta e aproxime-a dos papéis picados sem esfregá-la na flanela.

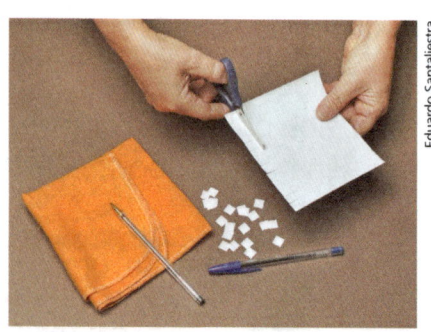

▶ Papéis cortados em pedaços pequenos.

Parte 2 – Para que lado a lata vai?

1. Forme dupla com um colega.
2. Sobre uma mesa, façam uma marcação com três linhas paralelas separadas por aproximadamente 30 cm uma da outra – elas serão o campo do jogo. Coloquem a lata sobre a linha central.
3. Encham os balões de festa. Cada um de vocês deve escolher um balão e esfregá-lo nos cabelos durante certo tempo. Então, aproximem ao mesmo tempo o respectivo balão a uma mesma distância da lata.

▶ Esfregue os balões nos cabelos durante certo tempo.

Com base nos resultados das atividades, responda às questões a seguir.

1. O que ocorreu com os pedaços de papel?
2. E o que houve quando vocês aproximaram os balões da lata? Por quê?

Experimento 2

Será que a eletricidade guardada em pilhas pode ser conduzida por todos os materiais?

Material:

- 2 pilhas de 1,5 V;
- lâmpada pequena, como de lanterna;
- 2 fios condutores de eletricidade de 15 cm;
- fita isolante;
- 1 moeda;
- borracha.

Olho vivo!

Não encoste no fio desencapado!

As imagens não estão representadas na mesma proporção.

Procedimentos

1. Peça a um adulto que desencape 2 cm das extremidades dos fios.
2. Coloque em contato as duas pilhas, juntando-as pelos polos diferentes (polo positivo com polo negativo). Depois, com a fita isolante, prenda-as bem.
3. Fixe a ponta de um fio em um dos polos do conjunto de pilhas usando a fita isolante.
4. Enrole as pontas dos dois fios na base da lâmpada e prenda-as com a fita.
5. Agora encoste a ponta do fio solto no outro polo do conjunto de pilhas e veja o que ocorre.

▶ Adulto desencapa as extremidades dos fios.

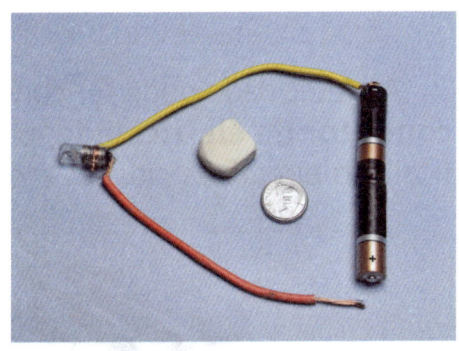

▶ Circuito elétrico aberto.

Com base em suas observações, faça o que se pede a seguir.

1 A lâmpada acende com o circuito aberto ou fechado? Por quê?

_____

_____

2 Teste alguns materiais entre o polo da pilha e a ponta solta do fio, como a moeda e a borracha, e observe o que acontece.

_____

_____

Condutibilidade

É a propriedade que possibilita a passagem da eletricidade ou do calor em um material. A condutibilidade pode ser elétrica ou térmica. Vamos conhecer esses dois tipos a seguir.

Condutibilidade elétrica

Propriedade que possibilita a condução da eletricidade.

Os materiais comportam-se de formas diferentes em relação à condução da eletricidade. Alguns materiais são **bons condutores de eletricidade**, como os metais e a água.

> Na verdade, a água pura é má condutora de eletricidade. Entretanto, é muito difícil encontrá-la em seu estado puro na natureza, na qual ela está sempre misturada a outras substâncias, que estão dissolvidas nela – por exemplo, os sais minerais. Uma das propriedades dessa mistura é a capacidade de conduzir eletricidade. Por isso, podemos levar um choque se, por descuido, usarmos um aparelho elétrico quando estamos com o corpo molhado ou próximo da água.

A eletricidade pode ser conduzida pelos metais. O cobre, por exemplo, é um bom **condutor de eletricidade**, por isso ele é usado na fabricação de fios elétricos. Esses fios distribuem nas cidades a eletricidade gerada nas usinas, levando-a até as casas.

▶ Fios elétricos feitos de cobre.

▶ Fiação que leva energia elétrica até as residências.

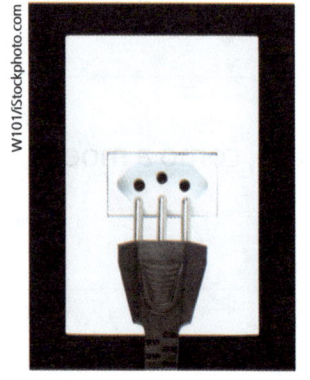

Outros materiais são considerados **maus condutores de eletricidade** (ou isolantes), como o plástico, a madeira, a borracha e o vidro.

Você já reparou em um plugue de tomada? Ele é fabricado com dois materiais bem diferentes. Os pinos que entram na tomada são de metal, e a parte do plugue que seguramos geralmente é feita de plástico.

▶ Plugue de tomada.

As imagens não estão representadas na mesma proporção.

Por que tomamos choque?

Nosso corpo também conduz eletricidade. Por isso, mexer com a rede elétrica pode ser muito perigoso, pois, se não houver cuidado, podem acontecer acidentes, como **choques elétricos**.

Veja algumas dicas para evitá-los.

Glossário

Choque elétrico: passagem de eletricidade pelo corpo de uma pessoa quando ela entra em contato com fios desencapados, por exemplo. Dependendo da intensidade, o choque elétrico pode causar desde queimaduras até a morte.

- Não ligue aparelhos elétricos se estiver com as mãos ou os pés molhados.
- Ao trocar uma lâmpada, desligue antes o interruptor e não toque na parte metálica.
- Desligue o chuveiro antes de mudar a chave "verão/inverno".
- Evite puxar aparelhos elétricos da tomada pelo fio.
- Nunca solte pipas em locais próximos a fios da rede elétrica.

Condutibilidade térmica

Condutibilidade térmica é a capacidade de conduzir calor. Alguns metais, como prata, cobre, alumínio, aço e latão, são bons condutores de calor.

▶ Embalagens de alumínio podem ser aquecidas.

▶ O isopor é um material poroso que guarda ar em seu interior. É muito usado em embalagens para transportar alimentos quentes ou frios.

O ar é mau condutor de calor. Isso significa que o calor, que é um tipo de energia, não é facilmente transmitido pelo ar.

Alguns materiais artificiais, como o isopor, retêm ar em sua estrutura, por isso podem ser usados como isolantes térmicos.

O ser humano também aproveita essa propriedade do ar para se aquecer. Nas blusas de lã, o ar preso entre os fios e as tramas dificulta a transferência do calor produzido por nosso corpo para o ambiente.

▶ A blusa de lã mantém a pessoa aquecida ao impedir a perda rápida de calor para o ambiente.

21

Um pouco mais sobre

Plástico: que material é esse?

Plástico é o nome de uma grande variedade de materiais sintéticos originados de componentes do petróleo. Essa palavra vem da língua grega e significa "adequado para moldagem", ou seja, material com plasticidade, o que lhe permite ser pressionado, cortado e encaixado em fôrmas para a fabricação dos mais diversos objetos.

O uso do plástico iniciou-se por volta do ano 1900, graças a uma de suas importantes propriedades: a má condutibilidade de corrente elétrica. Além de ser isolante elétrico, com ele se podem fazer peças de material rígido e durável, por isso foi usado na fabricação de componentes para aparelhos elétricos.

Por ser um material maleável, ele é usado na produção de placas com espessura bem reduzida e malhas com fios extremante finos. Essa propriedade foi aproveitada ainda na invenção do náilon, tecido largamente usado em roupas no mundo todo.

O plástico também pode ser isolante térmico, como o resistente baquelite, utilizado para fazer cabos de panelas. Como é leve, resistente a deformações e corrosão, fácil de ser fabricado e transformado com o uso de calor e pressão, o plástico serve de matéria-prima para a fabricação dos mais variados objetos.

Glossário

Material sintético: produzido pelo ser humano em laboratórios ou fábricas. Não é extraído diretamente da natureza, embora seus componentes possam ser. Exemplos: náilon, vidro, plásticos e muitos outros materiais.

▶ Panela de pressão de alumínio com cabo de baquelite, um tipo de plástico que é isolante térmico e protege as mãos de quem a manipula.

1. Que objetos de plástico você vê a seu redor?

2. Observe algumas características desses tipos de plástico. Em que eles diferem? Por que o plástico foi usado para a fabricação desses objetos?

3. Pesquise, em grupo, para saber mais informações sobre o plástico. Com a ajuda do professor, cada grupo pode pesquisar um tema; por exemplo: vantagens do uso do plástico; prejuízos ambientais que pode causar; como ocorre ou deve ser feito o descarte do plástico; o plástico biodegradável e outros assuntos relacionados.

Atração magnética

A atração magnética é outra propriedade de alguns materiais.

Você já viu enfeites grudados na porta da geladeira? Sabe por que eles se prendem e não caem mesmo quando abrimos e fechamos a porta várias vezes? Na parte de trás deles há um ímã, um material que tem a capacidade de atrair outros materiais, como o ferro e o níquel. No entanto, muitos materiais não são atraídos pelo ímã; por exemplo: plástico, madeira, borracha, tecidos, alumínio e vidro.

A capacidade de um ímã de atrair outros ímãs ou mesmo alguns tipos de metal é denominada **magnetismo**.

O magnetismo é muito útil. Os ímãs são usados na fabricação de bússolas e para transportar sucatas em ferros-velhos, por exemplo. Também são encontrados em alto-falantes, jogos e enfeites de geladeiras, entre outros objetos.

A capacidade máxima de atrair objetos encontra-se nas extremidades dos ímãs. Essas regiões são chamadas de **polos norte** e **sul**. Se partirmos um ímã em pedaços cada vez menores, cada pedaço terá um polo norte e um polo sul.

Ao aproximarmos os polos de dois ímãs, perceberemos duas situações: ou eles se repelem, isto é, afastam-se, ou se atraem.

▶ O ímã é útil para fixar um recado na porta da geladeira.

▶ Ímã atrai metais em um ferro-velho.

▶ Graças ao magnetismo, os pregos de metal são atraídos pela magnetita, um material que é ímã natural.

As imagens não estão representadas na mesma proporção.

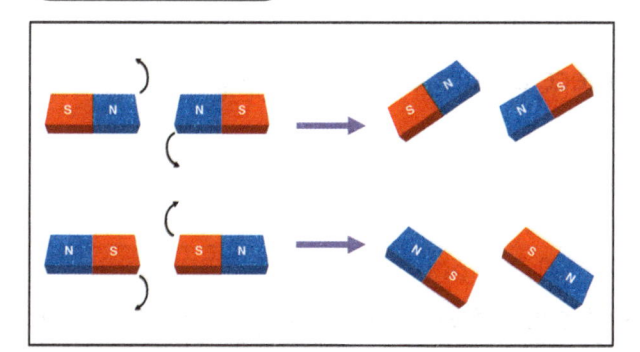

▶ Polos iguais, ou seja, polo norte com polo norte e polo sul com polo sul, repelem-se.

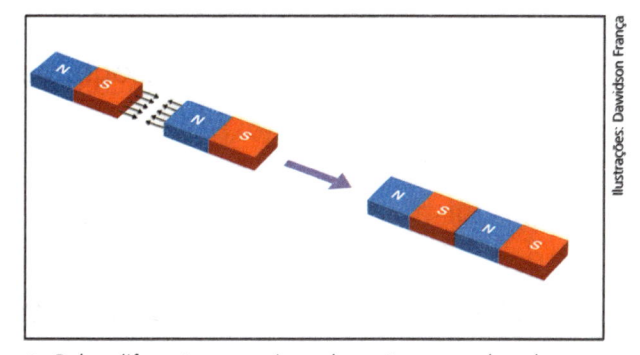

▶ Polos diferentes, ou seja, polo norte com polo sul, atraem-se.

23

Na prática — Experimento

Será que uma tesoura comum pode se tornar um ímã temporariamente? Anote sua resposta no caderno.

Material:
- um ímã;
- tesoura de metal sem ponta;
- clipes de papel.

Procedimentos

1. Aproxime o ímã dos clipes e observe o que acontece.
2. Aproxime a tesoura dos clipes e observe o que acontece.
3. Afaste os clipes e esfregue a tesoura de uma extremidade até a outra do ímã, sempre na mesma direção e no mesmo sentido. Faça isso pelo menos 30 vezes.
4. Aproxime novamente a tesoura dos clipes e observe o que acontece.
5. Aguarde alguns minutos e aproxime novamente a tesoura dos clipes e observe o que ocorre.

▶ Esfregue a tesoura no ímã sempre na mesma direção e mesmo sentido.

Com base no resultado do experimento, faça o que se pede a seguir.

1 Podemos dizer que a tesoura se tornou um ímã, isto é, que ela ficou imantada? Por quê?

_____

_____

2 A tesoura é um ímã natural ou artificial?

_____

3 Passado algum tempo, a tesoura permanece atraindo os clipes? Por quê?

_____

_____

4 Esfregue uma caneta no ímã. Aproxime-a do clipe, descreva e explique o que ocorre.

_____

Atividades

1 Qual é a diferença entre bons condutores e maus condutores de eletricidade e de calor? Exemplifique.

_____

_____

_____

2 Complete as frases a seguir.

a) Todo ímã tem duas extremidades, denominadas polo _____ e polo _____.

b) Os polos de um ímã podem se _____ (aproximar) ou se _____ (afastar).

c) Polos _____ repelem-se.

d) Polos _____ atraem-se.

3 O magnetismo pode ser empregado em diversas atividades para facilitar o trabalho humano. Um exemplo é o ímã utilizado em depósitos de sucatas, como os ferros-velhos, para levantar peças e objetos de metal.

a) Observe a fotografia ao lado. O ímã está facilitando o trabalho do ser humano? Por que?

_____

_____

_____

_____

_____

CAPÍTULO 2

A água na natureza

Água, por que preservar?

Para responder a essa pergunta, realize a atividade prática a seguir.

Primeiramente, separe o material que vai utilizar: uma garrafa PET de 2 litros, sem rótulo; um copo graduado medidor de líquidos; uma tampinha de garrafa, três etiquetas e um conta-gotas.

Escreva em uma das etiquetas "água do planeta" e cole-a na garrafa. Encha a garrafa com água.

Na segunda etiqueta, escreva "água doce do planeta" e cole-a no copo. Coloque água no copo até atingir a marca de 60 mililitros.

Na terceira etiqueta, escreva "água doce disponível para consumo" e cole-a na tampa da garrafa. Com o conta-gotas pegue uma gota de água do copo e coloque-a na tampa da garrafa.

▶ Alunos montam experimento com professora.

Pronta a atividade, converse com os colegas e o professor sobre as seguintes questões:

1. O que chama a atenção ao se comparar a água do planeta com a água disponível para consumo?

2. Considerando-se que uma parte da água doce disponível esteja imprópria para consumo, é importante evitar o desperdício. Você conhece e realiza algumas medidas para evitar o desperdício de água? Comente com os colegas e o professor algumas dessas medidas.

A água no planeta Terra

A água está presente no solo, na atmosfera e nos ambientes aquáticos – como rios, lagos, **águas subterrâneas**, mares e geleiras –, nos estados líquido e sólido. Ela também faz parte do ar, em estado gasoso, na forma de vapor de água.

Lembre-se de que a água pode se apresentar em três estados físicos: **sólido**, **líquido** e **gasoso**, e pode mudar de um estado físico para outro, em especial devido à ação do Sol. Podemos visualizar a água nos estados sólido e líquido, mas não a vemos no estado gasoso.

A água salgada de mares e oceanos contém grande quantidade de sais minerais dissolvidos e é a mais abundante na natureza. Já as águas continentais (de rios e lagos) são chamadas de água doce e apresentam menor quantidade de sais minerais dissolvidos.

Observe no gráfico abaixo a distribuição de água na Terra.

> **Glossário**
>
> **Água subterrânea:** toda a água localizada abaixo da superfície da Terra.

▶ A geleira é exemplo de água no estado sólido.

▶ A chuva é exemplo de água no estado líquido.

> As imagens não estão representadas na mesma proporção.

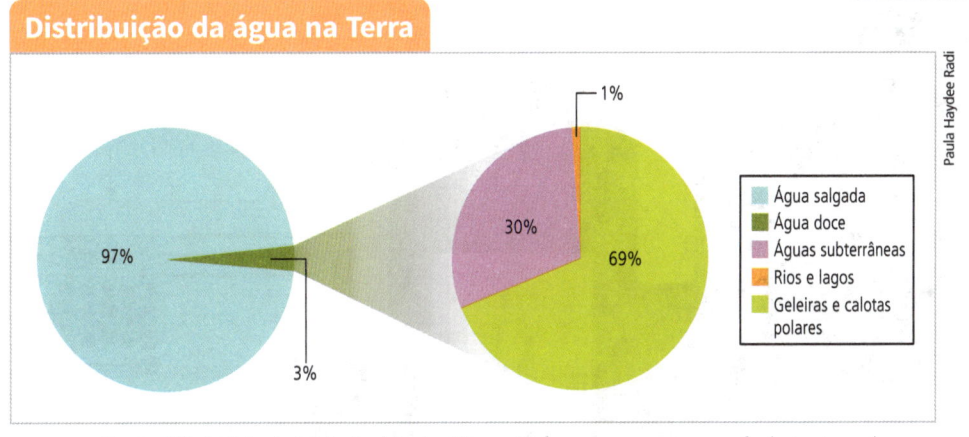

Distribuição da água na Terra

- Água salgada: 97%
- Água doce: 3%
  - Águas subterrâneas: 30%
  - Rios e lagos: 1%
  - Geleiras e calotas polares: 69%

Fonte: Ministério do Meio Ambiente. Disponível em: <www.mma.gov.br/estruturas/secex_consumo/_arquivos/3%20-%20mcs_agua.pdf>. Acesso em: 26 abr. 2019. (Dados adaptados.)

A água é indispensável, pois faz parte da composição dos corpos dos seres vivos e é um meio para que muitas transformações aconteçam. Nos animais, por exemplo, ela participa da regulação da temperatura corpórea e do transporte de substâncias, e nas plantas ela participa do transporte de substâncias.

Também constitui o hábitat de muitos seres vivos, como bactérias, fungos, peixes, camarões, golfinhos, plantas aquáticas e algas.

Além de usarem a água para beber, as pessoas a utilizam na irrigação das plantações, como via de transporte de pessoas e cargas, na produção de alimentos e bebidas, para gerar energia nas usinas hidrelétricas, entre outros usos.

Energia elétrica no dia a dia

Você já imaginou viver sem eletricidade? Como faria para ver televisão, jogar *video game* ou beber aquele suco geladinho? Tudo isso (e muito mais) só é possível porque temos energia elétrica.

A eletricidade é um tipo de energia capaz de ser transferida por longas distâncias através de fios elétricos ou armazenada em baterias. Ela pode assim ser aproveitada em residências, indústrias, ruas e outras localidades para gerar luz, calor ou movimentar máquinas.

A energia elétrica, ou eletricidade, pode ser obtida de outros tipos de energia, como a nuclear, a térmica (queima de materiais combustíveis), a solar, a hidrelétrica, a eólica etc.

No caso da energia gerada por usina hidrelétrica, a mais usada em nosso país, o movimento das águas gira turbinas que acionam um gerador de energia elétrica. Observe esse processo no esquema a seguir.

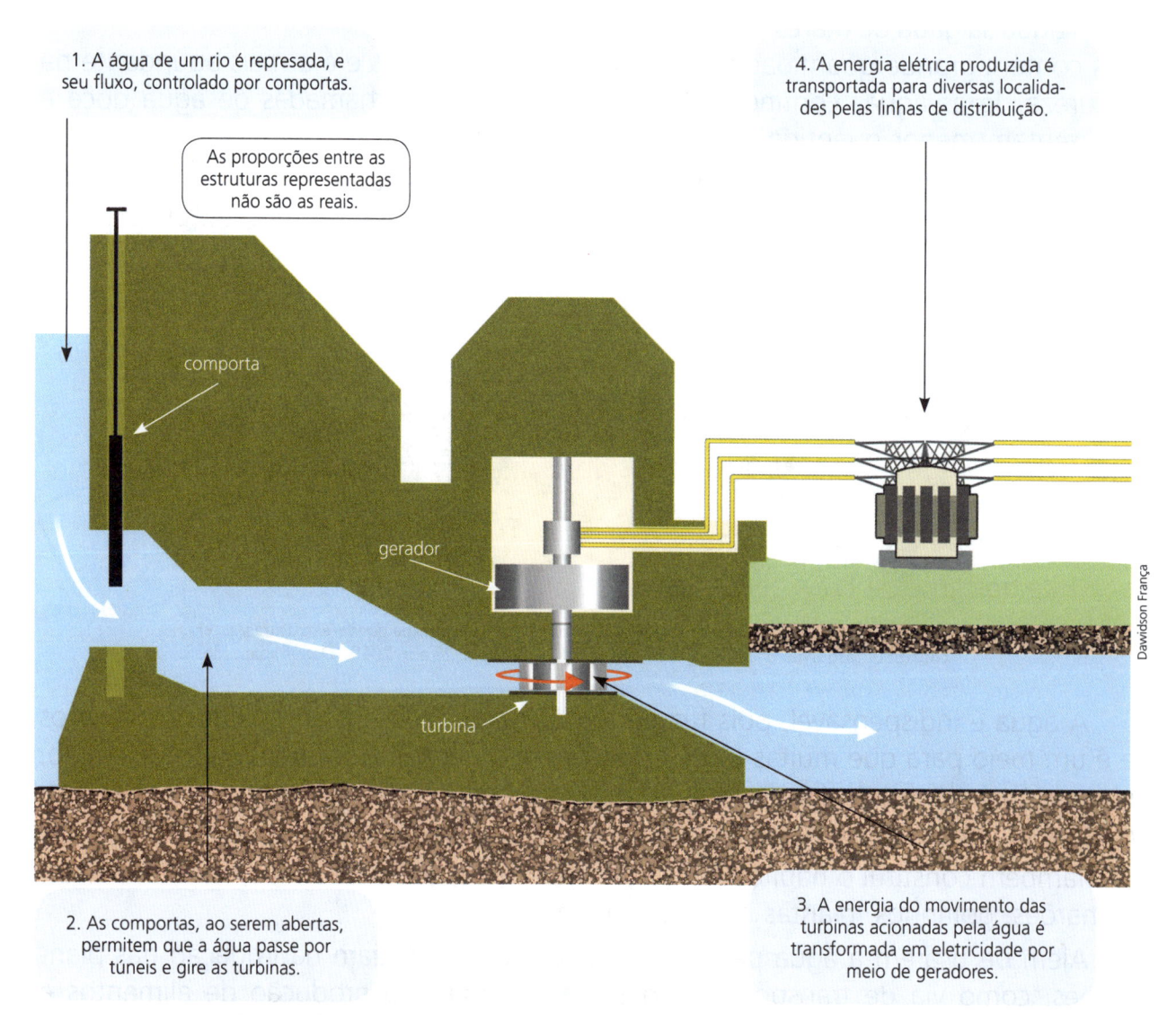

1. A água de um rio é represada, e seu fluxo, controlado por comportas.

As proporções entre as estruturas representadas não são as reais.

comporta

gerador

turbina

4. A energia elétrica produzida é transportada para diversas localidades pelas linhas de distribuição.

2. As comportas, ao serem abertas, permitem que a água passe por túneis e gire as turbinas.

3. A energia do movimento das turbinas acionadas pela água é transformada em eletricidade por meio de geradores.

▶ Esquema que representa a produção de energia em uma usina hidrelétrica.

Atividades

1 Escreva **V** nas afirmações verdadeiras e **F** nas falsas. Depois corrija no caderno aquelas que considerar falsas.

☐ A água doce é a mais abundante na natureza; ela compõe os rios e lagos.

☐ A alta quantidade de sais minerais dissolvidos na água a torna salgada.

☐ Grande parte da água doce disponível no planeta está na forma de gelo.

2 Explique, de forma resumida, como ocorre a produção de energia em uma usina hidrelétrica. Escreva sua explicação no caderno.

3 Depois que usamos a água para higienizar alimentos, tomar banho ou lavar louça e roupas, ela já não tem a mesma qualidade, sendo preciso tratá-la para que seja devolvida à natureza e nós e outros seres possamos usá-la novamente. Por isso, é preciso pensar em formas de diminuir seu uso. Com isso em mente, especialistas mediram o quanto de água é necessário para fabricar um produto, cálculo chamado de pegada hidrológica. Por exemplo: para produzir batatas é preciso irrigar o campo para que elas se desenvolvam, lavá-las depois de colhidas e cumprir outras etapas em que se usa água. Isso gera um gasto de quase 900 litros de água para produzir 1 quilograma de batatas!

Glossário

Pegada hidrológica: medida da quantidade de água utilizada na fabricação de alguns produtos.

Com essas informações e os dados aproximados abaixo, responda no caderno:

1 kg de tomate – 180 litros
1 kg de carne de boi – 16 000 litros
1 kg de carne de frango – 3 900 litros
1 L de leite – 1 000 litros
1 ovo – 200 litros
1 kg de arroz – 3 000 litros

Fontes: Mesfin M. Mekonnen e Arjen Y. Hoekstra. A Global Assessment of the Water Footprint of Farm Animal Products. *Ecosystems*, v. 15, p. 401-415, abr. 2012; Fundação Brasileira para o Desenvolvimento Sustentável. Disponível em: <http://fbds.org.br/fbds/IMG/pdf/doc-553.pdf>. Acesso em: 26 abr. 2019.

a) Qual dos produtos utiliza mais água para ser fabricado?

b) Se uma folha de papel A4 gasta 10 litros de água para ser produzida, quantos litros serão utilizados para fabricar um pacote de 500 folhas? Você acha que é muita ou pouca água?

c) Considere uma porção de arroz de 50 gramas e um bife de carne com 100 gramas. Que refeição consome menos água: um prato de arroz com bife de boi, com bife de frango ou com ovo? Explique.

O ciclo da água

A água está sempre em movimento na natureza; ora ela está em um lago, rio ou oceano, ora nas nuvens para, em breve, voltar ao lago, rio ou oceano na forma de chuva. Esse vaivém compõe o **ciclo da água**.

Essa movimentação ocorre porque a água muda de estado físico de acordo com a variação da temperatura.

Nos rios, lagos, oceanos, nas águas subterrâneas e nuvens, a água está no **estado líquido**.

Ao evaporar, a água passa para o **estado gasoso** e fica no ar na forma de vapor.

Já a água no **estado sólido** é encontrada na natureza na forma de neve, granizo e nas geleiras. Cristais de gelo também são encontrados nas nuvens.

Observe a ilustração e conheça esse processo denominado ciclo da água na natureza.

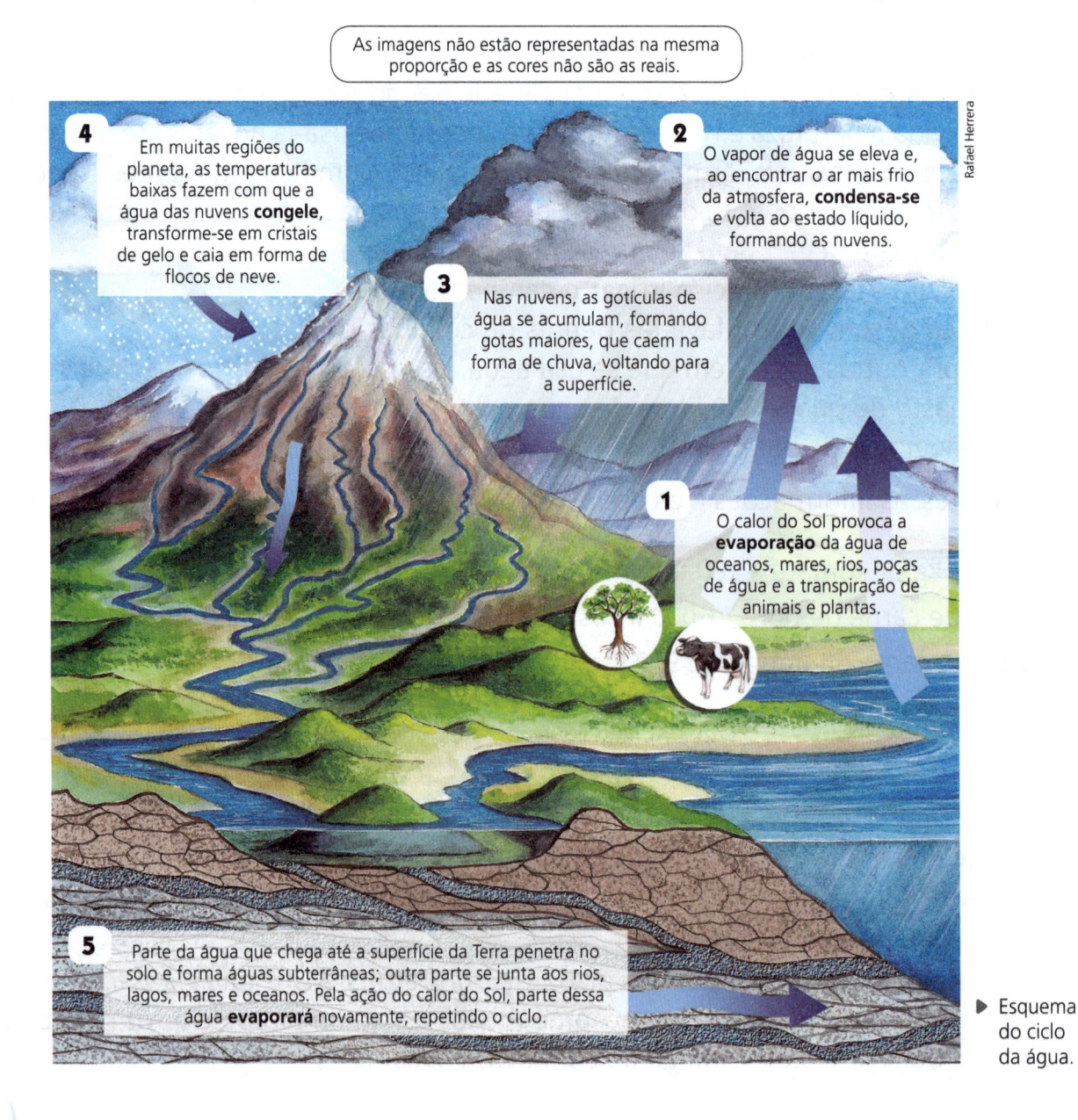

As imagens não estão representadas na mesma proporção e as cores não são as reais.

4 Em muitas regiões do planeta, as temperaturas baixas fazem com que a água das nuvens **congele**, transforme-se em cristais de gelo e caia em forma de flocos de neve.

2 O vapor de água se eleva e, ao encontrar o ar mais frio da atmosfera, **condensa-se** e volta ao estado líquido, formando as nuvens.

3 Nas nuvens, as gotículas de água se acumulam, formando gotas maiores, que caem na forma de chuva, voltando para a superfície.

1 O calor do Sol provoca a **evaporação** da água de oceanos, mares, rios, poças de água e a transpiração de animais e plantas.

5 Parte da água que chega até a superfície da Terra penetra no solo e forma águas subterrâneas; outra parte se junta aos rios, lagos, mares e oceanos. Pela ação do calor do Sol, parte dessa água **evaporará** novamente, repetindo o ciclo.

▶ Esquema do ciclo da água.

Ações humanas na natureza

O ciclo da água possibilita perceber como todos os elementos da natureza estão interligados. As nuvens carregadas de vapor de água condensado podem mudar de direção de acordo com os ventos e levar as chuvas para outras regiões. São elas que mantêm o nível dos rios e lagos e abastecem as fontes de água subterrâneas.

O ser humano depende desse equilíbrio entre a evaporação da água e o regime de chuvas, bem como da manutenção da qualidade da água, para desenvolver atividades como a agricultura e a criação de animais, e até mesmo para o fornecimento de energia elétrica, pois para uma usina hidrelétrica funcionar de forma adequada é necessário que o nível de água do rio esteja alto.

Entretanto, diversas ações humanas são responsáveis por afetar esse equilíbrio. Veja algumas delas a seguir.

- O uso de agrotóxicos e fertilizantes nas atividades agrícolas e o descarte inapropriado de lixo no solo provocam a poluição de fontes subterrâneas, prejudicando o fornecimento de água potável.

▶ Trabalhador aplica agrotóxico em uma lavoura em Juazeiro (BA), 2016.

- Em muitos locais, o esgoto é lançado diretamente em rios, mares e lagos, colocando em risco a vida dos seres vivos, que dependem da água para sobreviver.

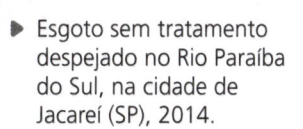

▶ Esgoto sem tratamento despejado no Rio Paraíba do Sul, na cidade de Jacareí (SP), 2014.

As imagens não estão representadas na mesma proporção.

O **desmatamento** afeta o regime de chuvas, pois as plantas são responsáveis por fornecer grande parte do vapor de água do ambiente, já que retiram água do solo constantemente. Dessa forma, a remoção da vegetação pode provocar indiretamente uma redução nas chuvas e, consequentemente, redução no volume de rios e lagos.

▶ Área desmatada para criação de gado em Alto Alegre (RR), 2019.

Um pouco mais sobre

Rios voadores

Rios voadores são massas de ar cheias de vapor de água carregadas pelo vento. Eles são formados pela evaporação da água dos oceanos e de outros corpos de água e da transpiração dos seres vivos, principalmente das árvores de grande porte.

No Brasil, a Floresta Amazônica tem um papel fundamental na formação de rios voadores. A abundante transpiração das árvores e a condensação do vapor intensifica a formação de nuvens sobre a floresta. Esse processo acaba "puxando" ventos do Oceano Atlântico para o continente. Os ventos levam parte das nuvens carregadas de umidade para outras regiões do país, influenciando, então, o clima de parte da Região Sudeste e da Região Sul por causa das chuvas que provocam.

Observe como as florestas influenciam na formação dos rios voadores.

▶ As plantas são importantes para a formação de reserva de água, pois suas folhas suavizam o impacto da água no solo. Desse modo, a água se infiltra sem causar destruição e abastece as reservas subterrâneas.

▶ As plantas podem retirar água armazenada no solo pelas raízes. A água absorvida é liberada pelas folhas em forma de vapor no processo de transpiração. Em regiões de floresta, a taxa de transpiração é alta, o que favorece a formação de nuvens carregadas de umidade.

▶ Essas nuvens podem se deslocar para outras regiões, levadas pelo vento, e provocar chuvas em áreas urbanas, por exemplo. O deslocamento das nuvens é importante, pois possibilita o abastecimento de rios, lagos e reservas subterrâneas de regiões distantes de sua origem.

1 Qual é a relação entre rios voadores e o ciclo da água?

2 Qual é a importância de uma floresta para a formação dos rios voadores?

3 Qual a relação entre o desmatamento e a existência dos rios voadores?

Atividades

1. Numere os quadrinhos no desenho de acordo com o número indicado nas frases, que explicam o ciclo da água na natureza. Depois, escreva no caderno um texto para explicar esse ciclo e sua importância.

As proporções entre as estruturas representadas não são as reais.

1. O calor do Sol aquece a água e ela evapora.
2. As plantas e os animais liberam água principalmente pela transpiração e respiração.
3. Ao encontrar temperaturas mais frias, o vapor de água se condensa e forma nuvens.
4. As nuvens formam as chuvas.
5. A água da chuva pode infiltrar-se no solo.

2. Explique de que modo o desmatamento pode afetar o regime de chuvas.

_____
_____
_____

3. Cite duas atividades humanas que poluem as águas.

_____
_____

CAPÍTULO 3
O solo e os impactos ambientais

Jogando para cuidar do ambiente

1. Siga a trilha do jogo. Ao encontrar imagens, leia os textos correspondentes a elas, de acordo com a legenda, e responda às questões ou faça o que se pede.

▶ 1. De onde vem a água que abastece os rios?

_____

▶ 2. Por que as plantas são um importante recurso para as pessoas? Escreva um motivo.

_____

▶ 3. Para onde vai o vapor de água liberado pela transpiração das plantas?

_____

▶ 4. Escreva o nome de um objeto, substância ou mistura que polui a água e pode prejudicar os seres que nela vivem.

_____

▶ 5. Escreva o nome da retirada de vegetação de um local.

_____

▶ 6. Escreva o nome de uma substância ou mistura que polui o ambiente.

_____

▶ 7. Qual é a relação entre rocha e solo?

_____

▶ 8. Cite uma atitude que protege o solo.

_____

O solo e o subsolo

O solo é a camada superficial da crosta terrestre. No solo vivem muitos animais, plantas e outros seres vivos, que são extremamente importantes no equilíbrio ambiental, pois auxiliam na decomposição da matéria orgânica, na fertilização da terra e na circulação da água e do ar, componentes essenciais para a fertilidade do solo. Mas, como será que o solo se forma?

Formação do solo

A superfície dos ambientes terrestres é formada por rochas de diversos tipos. Quando estão expostas, as rochas sofrem a ação da água, dos ventos, do frio e do calor, fragmentando-se em pedaços cada vez menores. A esses fragmentos, juntam-se resíduos de origem animal e vegetal, formando o solo, em um processo lento que se iniciou há milhões de anos.

O subsolo

Na crosta terrestre há uma camada, logo abaixo do solo, chamada **subsolo**.

O subsolo contém **minerais**, materiais muito diversos e com características variadas, como composição, cor, dureza, transparência, entre outras.

Do subsolo são extraídos os minérios, que são minerais com valor econômico usados pela sociedade para diversos fins: são aproveitados para fazer prédios, máquinas, utensílios domésticos, moedas e numerosos objetos.

A maioria dos objetos que utilizamos e as construções à nossa volta são feitos com recursos retirados do subsolo. Os plásticos são fabricados com petróleo, um óleo negro e viscoso extraído do subsolo. O computador, o *tablet*, a TV e o telefone celular também são produzidos com minérios. Quanto mais consumimos esses produtos, mais minérios são retirados do ambiente, e isso causa danos à natureza.

Os recursos do solo são finitos, podem acabar se forem usados de maneira exagerada. Por isso é importante que a exploração deles seja planejada e consciente.

Os métodos de extração, se não forem bem pensados, modificam a paisagem e podem destruir ambientes naturais pelo vazamento de substâncias tóxicas usadas na extração.

▶ Dependendo de como é feita a extração dos recursos do solo e do subsolo, o ambiente pode ser prejudicado para sempre, como nessa região de extração de minério de ferro. Itabira, Minas Gerais, 2014.

Na prática — Experimento

A ação da água das chuvas é a mesma em um solo coberto por vegetação e em solo descoberto? Por quê?

Material:

- terra vegetal;
- 2 kg de areia;
- 2 kg de argila;
- 2 caixotes rasos;
- tijolos;
- água;
- regador com bico móvel;
- sementes de alfafa.

Procedimentos

1. Usando luvas, faça uma mistura com a areia, a argila e a terra vegetal. Reserve 1 copo da mistura e encha os caixotes com o restante.
2. Esparrame na terra de um dos caixotes as sementes de alfafa e peneire por cima o restante da mistura que ficou reservado no copo. Deixe o outro caixote somente com terra.
3. Com um borrifador de água, regue diariamente as sementes e, quando as sementes germinarem, aguarde que as **plântulas** cresçam cerca de 2,5 cm a 3 cm.
4. Apoie os caixotes nos tijolos, de forma que fiquem inclinados.
5. Depois que as plântulas de alfafa alcançarem o tamanho indicado, regue o solo dos dois caixotes com um regador. Observe o que acontece.
6. Retire o bico do regador e jogue água rapidamente no solo dos dois caixotes. Observe o que acontece.

Glossário

Plântula: estágio inicial após germinação da semente até a formação das primeiras folhas.

▶ Caixotes inclinados apoiados por tijolos.

1 O que foi observado no solo dos caixotes ao serem regados com o regador?

_____

2 Em seguida relate o que foi observado nos solos ao serem regados com o regador sem o bico.

_____

3 Converse com os colegas e procurem relacionar o que ocorreu no solo dos caixotes ao que ocorre nos solos com e sem vegetação quando chove muito.

Consequências dos impactos ambientais

Uma das consequências do uso incorreto do solo é a destruição gradativa dele.

Algumas ações, como os desmatamentos, as queimadas e a destinação inadequada do lixo, levam à degradação e improdutividade do solo.

As pessoas desmatam com o objetivo de liberar o solo para o plantio, para a criação de animais ou mesmo para comercializar a madeira. A **erosão** é um processo natural de perda de camadas do solo levadas pela ação decorrente do escoamento da água e dos ventos, mas que se agrava com o desmatamento.

Existem técnicas de utilização do solo que visam à proteção dele contra a erosão. Um exemplo é, em terrenos inclinados, plantar em linhas curvas ou em degraus para diminuir a velocidade da água das chuvas e evitar que o solo seja carregado morro abaixo.

▶ Plantação de arroz no sistema de degraus, Mucangchai, Vietnã, 2012.

As **queimadas** – realizadas principalmente com o objetivo de limpar o terreno para novo plantio – além de poluírem o ar, empobrecem o solo, pois, além de torná-lo muito seco, eliminam muitos de seus nutrientes ao matar os seres vivos que o habitam e o fertilizam.

▶ Queimada para abertura de roça em Teresópolis, Rio de Janeiro, 2011.

O **lixo descartado** na natureza – tanto resíduos domésticos e industriais, quanto restos de defensivos agrícolas utilizados em lavouras – pode poluir e contaminar o ambiente. Ele estimula a proliferação de insetos, ratos e outros animais transmissores de doenças. O lixo que atinge o solo pode poluir e contaminar também as águas próximas a ele.

▶ Lixão em Ribeirópolis, Sergipe, 2008. Muitas pessoas sobrevivem catando lixo. Nesse ambiente, elas estão expostas a doenças.

Chamando para o debate

Nas áreas de florestas, as plantas protegem o solo, seja com suas raízes, seja por meio das copas das árvores.

As folhas das copas das árvores agem como um guarda-chuva e evitam que os pingos da chuva caiam diretamente e com muita força no solo. Amortecida a sua queda, a água pode se infiltrar lentamente no solo, abastecendo as águas subterrâneas e sendo absorvida pelas plantas. As raízes também ajudam a segurar o solo. Sem a cobertura vegetal, o terreno fica exposto aos processos erosivos.

Desmoronamentos, ou deslizamentos, de encostas de morros são eventos que podem se tornar verdadeiras tragédias, levando à morte muitas pessoas, além de destruir moradias, estradas, ruas e dificultar o acesso a escolas e hospitais.

As matas ciliares, ou seja, que se encontram às margens de rios, lagos, nascentes ou represas, são muito importantes para a conservação da qualidade da água desses locais. Elas formam uma barreira física que protege a água contra a contaminação e evitam a erosão das margens.

Além disso, as matas ciliares servem de abrigo e fonte de alimento para diversos seres vivos.

▶ Rio com mata ciliar intacta, Estado do Amapá.

▶ Deslizamento de terra devido à chuva na cidade de Natal, Rio Grande do Norte, 2014.

▶ Rio com erosão por causa da retirada da mata ciliar. São Gabriel, Rio Grande do Sul, 2016.

As imagens não estão representadas na mesma proporção.

Converse com os colegas e o professor a respeito das seguintes questões:

1. Você já viu ou ouviu notícias sobre deslizamentos? Por que eles ocorrem? Por que as pessoas moram em áreas de risco?

2. Sugira algumas ações para evitar que pessoas percam a casa ou até mesmo a vida em acidentes como esses.

3. Por que as matas ciliares devem ser preservadas?

Atividades

1 Complete as frases a seguir, sobre a formação do solo, com as palavras que faltam.

a) As rochas sofrem a ação da _____, do _____, do _____ e do _____.

b) As rochas se fragmentam em pedaços cada vez menores e se unem a restos de _____ e de _____ mortas.

c) O processo de formação do solo é muito _____ e se iniciou há milhões de anos.

2 Observe a charge e responda às questões.

a) Qual é a forma de impacto ambiental retratada na charge?

_____

b) O que pode acontecer com o solo devido ao corte das árvores?

_____

_____

▶ Charge sobre um tipo de impacto ambiental.

c) Você considera adequada a atitude dos personagens da charge?

_____

_____

_____

d) Quais seriam os prejuízos para esse solo se, além de cortar as árvores, os personagens queimassem o resto de vegetação?

_____

_____

_____

CAPÍTULO 4
Consciência ambiental

Cuidando do meio ambiente

Observe as imagens a seguir e responda às questões propostas.

ECONOMIZE... RECICLE... PAPEL VIDRO METAL PLÁSTICO
PLANTE... REGULE O MOTOR...
FAÇA SUA PARTE! AJUDE A CUIDAR DO PLANETA!

Márcio Baraldi
www.marciobaraldi.com.br

1. Quais das atitudes representadas nas imagens você adota no dia a dia?

2. Para você, é importante adotar atitudes que possibilitem o uso adequado dos recursos do planeta? Por quê?

3. Que outras atitudes você julga importante adotar para cuidar de nosso planeta?

As embalagens e o lixo

Embalagens são usadas intensamente no dia a dia. Elas evitam que os produtos quebrem, amassem ou fiquem expostos a sujeiras ou a microrganismos que prejudicam a saúde. As embalagens são produzidas com diversos materiais.

O isopor é um tipo de plástico muito utilizado para proteger objetos delicados contra impactos ou para manter a temperatura de alimentos quentes ou frios.

Embalagens longa-vida, compostas de papel, plástico e alumínio, são eficientes para conservar alimentos como o leite.

O papel é usado para fazer caixas de papelão para o transporte de objetos mais pesados, e os sacos de papel embalam alimentos e remédios, por exemplo.

As garrafas PET são feitas de um tipo de plástico leve e resistente, muito usado para armazenar bebidas e remédios.

Embalagens de alumínio são úteis para armazenar conservas e bebidas ou embalar alimentos sólidos, como doces.

Marcos Guilherme

As embalagens também podem ser feitas de vários outros materiais, como papel, alumínio e madeira. Tudo depende do tipo de produto que nelas será guardado, de como ele será distribuído e do tempo que ficará armazenado.

Grande parte das coisas que adquirimos vem em embalagens. Quando vamos ao supermercado, retornamos com produtos que geram excesso de embalagens. Quais das atitudes apresentadas na história em quadrinhos da abertura deste capítulo são adequadas para o descarte das embalagens?

Muito consumo, muitos resíduos

Geralmente os materiais usados nas embalagens são descartados, gerando resíduos (lixo).

Parte desses resíduos pode ser reaproveitada e outra parte deve ser descartada.

Quando os resíduos não são separados adequadamente para a coleta seletiva ou quando não há coleta seletiva na região, a quantidade de lixo aumenta e enche rapidamente os **aterros sanitários**, tornando-se um problema para a sociedade.

Outro problema ainda maior é a falta de aterros sanitários, pois, nesse caso, os **lixões** acabam sendo utilizados para o descarte de resíduos.

Glossário

Aterro sanitário: local que recebe o lixo e foi previamente preparado para não contaminar o subsolo.

Lixão: local em que o lixo é descartado sem nenhum preparo do solo.

▶ O aterro sanitário é um destino adequado para o lixo. São José dos Campos, São Paulo, 2015.

Já o lixo orgânico, se depositado de maneira inadequada no ambiente, como em lixões, gera um líquido chamado chorume. O chorume penetra no solo e chega até as águas subterrâneas, contaminando ambos.

Uma maneira de minimizar a produção de lixo orgânico é planejar as compras de alimentos frescos. Ao adquirir somente o que será consumido evita-se o desperdício e a geração excessiva de lixo orgânico.

Na prática

Siga os passos abaixo para descobrir quantas sacolas plásticas sua família utiliza em duas semanas.

1. Indique no quadro a quantidade de novas sacolas trazidas para casa com as compras de mercado, farmácia etc.
2. Anote também a quantidade de sacolas usadas para descartar o lixo doméstico.
3. Calcule a diferença entre o número de sacolas trazidas para casa e as usadas para descartar o lixo e escreva o saldo no quadro.

Quantidade de sacolas	SEMANA 1						SEMANA 2					
	D	S	T	Q	Q	S	S	D	S	T	Q	Q	S	S
trazidas para casa												
usadas para descartar lixo												
Saldo (trazidas – usadas)												

1 Com base nos resultados da atividade, responda às questões a seguir.

a) Sua família utiliza todas as sacolas que acumula a cada semana?

b) Se todas as semanas do ano forem como a semana 1, qual será o saldo de sacolas no dia 31 de dezembro?

c) Em sua opinião, tomando por base as informações que leu, é importante reduzir o uso de sacolas plásticas? Por quê?

d) O que você sugere para diminuir o consumo de sacolas plásticas? Elabore, com os colegas, pequenos cartazes com essas dicas. Distribua-os pela comunidade escolar.

▶ As sacolas plásticas poluem o ambiente porque demoram cerca de 100 anos para se degradar. Descartadas no mar, elas causam a morte de muitos animais, pois eles as confundem com alimento, como ocorre com a tartaruga ao lado, ou se enrolam nelas.

O que fazer com tanto lixo?

O descarte do lixo é um problema grave para o ambiente. Precisamos, então, diminuir a produção de lixo e dar um destino mais adequado a ele.

Você já ouviu falar na regra dos 5 Rs? A regra dos 5 Rs consiste em cinco atitudes básicas e muito importantes para controlar a produção de lixo.

Reduzir
Repensar
Recusar
Reutilizar
Reciclar

A primeira atitude é **reduzir** a quantidade de produtos que compramos, diminuindo a produção de mercadorias e a quantidade de embalagens adquiridas.

A segunda atitude é **repensar** nosso consumo, ou seja, só comprar o que for realmente necessário.

Recuse consumir produtos que possam ser associados a desequilíbrios ambientais, por exemplo, com excesso de embalagem, ou produzidos sem os devidos cuidados com o meio ambiente.

Ilustrações: Henrique Machado

Muitos produtos e embalagens podem ser **reutilizados** para outras finalidades após seu uso, como as embalagens na forma de refil ou as canecas plásticas.

Muitos objetos, como as latas de alumínio, podem ser **reciclados**, pois o material de que são feitos tem grande valor financeiro e reduz a extração de recursos da natureza. Seu caderno deste ano, por exemplo, pode ser reciclado e originar um novo caderno. Papel, papelão, lata, vidro e plástico são os exemplos mais comuns de materiais que podem ser reciclados.

Por isso, é preciso separar o lixo que pode ser reciclado. As lixeiras destinadas à coleta de lixo reciclável têm cores diferentes para cada tipo de material.
Veja algumas delas abaixo.

PLÁSTICO — METAL — VIDRO — PAPEL — ORGÂNICO

Ilustrações: Henrique Machado

▶ As cores diferentes das lixeiras facilitam a separação do lixo para posterior coleta e encaminhamento adequado dos resíduos.

45

Atividades

1 Muitos alimentos comprados em mercados vêm embalados em latas, vidros, sacos plásticos ou caixas. Após passarem pela caixa registradora, esses mesmos produtos, que já estão embalados, são colocados em sacolas de plástico que depois irão para o lixo, assim como as demais embalagens desses produtos.

- O que pode ser feito para melhorar essa situação? Troque ideias com os colegas e depois registre sua sugestão.

_____

_____

_____

2 Os resíduos jogados diretamente na natureza podem demorar mais tempo para se decompor. Observe no quadro o tempo de decomposição de cada material. Depois responda às questões.

TEMPO DE DECOMPOSIÇÃO DE CADA TIPO DE MATERIAL	
lata	de 80 a 100 anos
chiclete	em média, 5 anos
madeira	em torno de 6 meses
papel	de 3 meses a vários anos
plástico	de 50 a 100 anos

a) Supondo que uma pessoa jogue uma lata de refrigerante em um parque e ela fique lá sem ser recolhida, daqui a quantos anos aproximadamente ela desaparecerá? A que ano isso corresponde a partir da data atual?

_____

_____

b) O que você diria a um colega que jogou o chiclete no jardim de uma praça?

_____

3 Em sua casa, as pessoas costumam separar o lixo? Explique como isso deve ser feito de maneira adequada.

_____

_____

_____

4 Leia as notícias a seguir.

Primeira escola de garrafas PET é construída na Ásia

Construída em San Pablo, nas Filipinas, a escola feita com garrafas plásticas descartadas é a primeira deste tipo na Ásia. [...] O objetivo do projeto é conscientizar a população sobre a importância da construção de novas escolas, além de dar novo uso a um material com descarte considerado problemático nos dias de hoje. [...]

Ciclo Vivo. Disponível em: <http://ciclovivo.com.br/noticia/primeira_escola_de_garrafas_pet_e_construida_na_asia>. Acesso em: 26 abr. 2019.

▶ *Bottle School* – projeto da Fundação *My Shelter* –, escola construída com garrafas de plástico PET preenchidas com terra e cimento em San Pablo, Laguna, Filipinas, 2011.

Governo do Rio testa asfalto ecológico

O Governo do Rio começou a testar o asfalto ecológico como alternativa para aumentar a segurança nas estradas e espera adotar a iniciativa em todo o estado. O asfalto é feito com pneus triturados e cada metro quadrado retira 1 pneu usado. A vantagem desse material é que deixa a pista menos escorregadia em dias de chuva e tem expectativa de durar 20 anos, o dobro em relação a recapeamentos comuns. [...]

BitVerde. Disponível em: <www.fsj.edu.br/bitverde/noticias/governo-do-rio-testa-asfalto-ecologico>. Acesso em: 26 abr. 2019.

As notícias descrevem exemplos de atitudes que visam diminuir a quantidade de resíduos? Justifique.

_____

_____

_____

_____

Como eu vejo

A obsolescência dos produtos

O desgaste dos produtos ocorre com o uso e o tempo. Mas será que eles duram todo o tempo que poderiam durar? Será que estamos utilizando-os até seu esgotamento?

O que é obsolescência? É a condição de um produto ou serviço que se torna **obsoleto** e deixa de ser útil.

Na ilustração, pinte as legendas que indicam atitudes que devemos tomar em relação aos produtos.

Adquirir todos os lançamentos.

Comprar em excesso e sem necessidade.

Obsolescência programada
Ocorre quando o fabricante produz de propósito um produto que ficará desatualizado, apresentará problemas ou deixará de funcionar após algum tempo de uso. Pode ser associada à dificuldade em consertar um produto, o que, muitas vezes, custa quase o preço do produto novo.

Glossário

Obsoleto: em desuso, antigo, fora de moda, tecnologicamente ultrapassado.

Casos e usos

Lâmpada
Na década de 1920, um grupo de fabricantes reduziu a duração de suas lâmpadas. O objetivo era aumentar as vendas e fazer com que as pessoas precisassem comprar mais lâmpadas.

Carro
Desde sua criação, o carro tornou-se um objeto desejado por muitas pessoas. Em alguns casos, no entanto, a sensação de possuir um carro supera a necessidade de se locomover com facilidade.

Celular
No Brasil, o celular é o aparelho eletrônico com menor tempo médio de duração: menos de 3 anos. Muitos consumidores sempre desejam possuir a última versão dos aparelhos, seja pelas novas funções, seja para seguir as tendências. Além disso, grande parte das pessoas troca seu aparelho quebrado sem antes recorrer à assistência técnica.

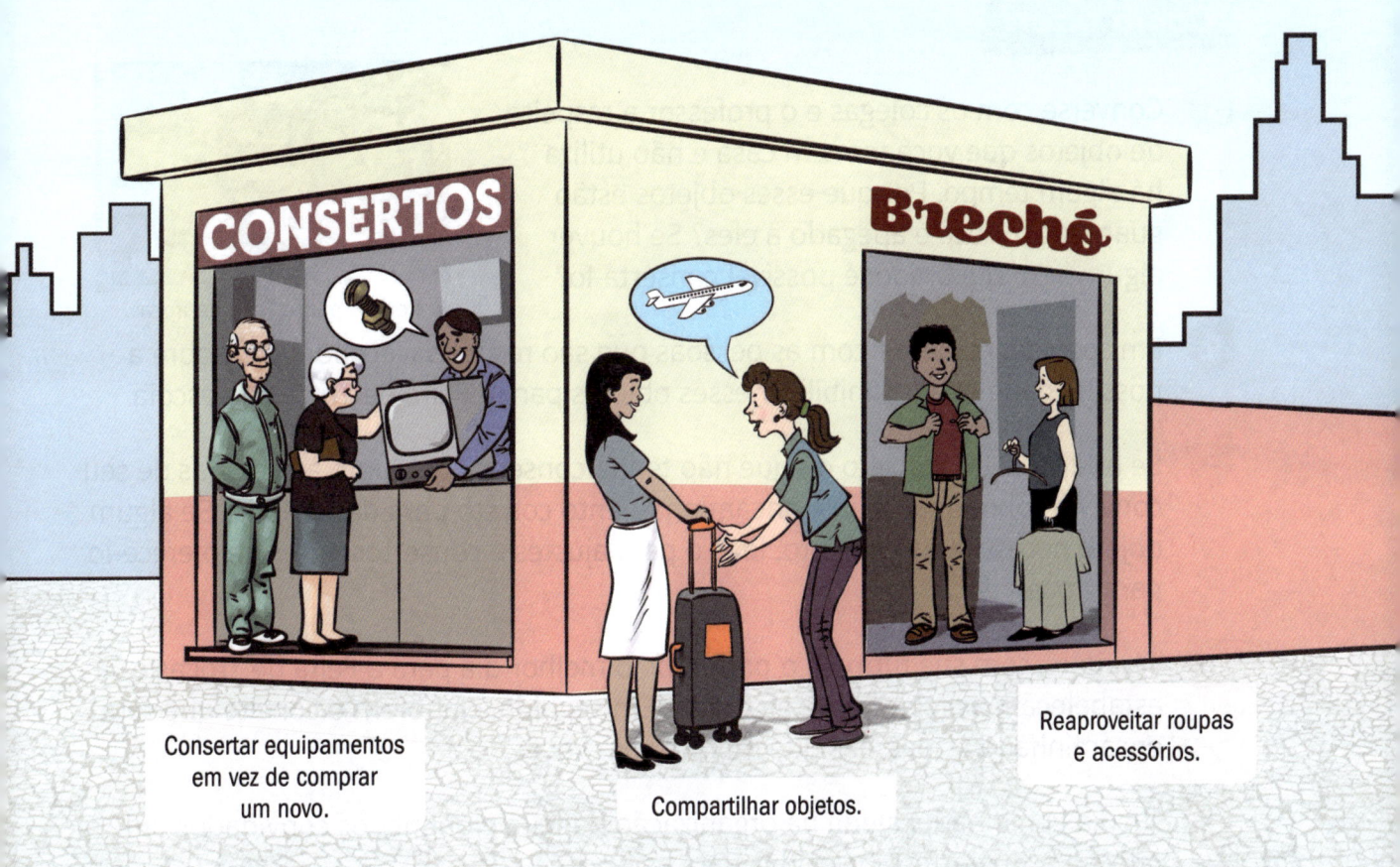

Consertar equipamentos em vez de comprar um novo.

Compartilhar objetos.

Reaproveitar roupas e acessórios.

Obsolescência perceptiva
Ocorre quando o produto continua funcionando, mas começam a surgir dificuldades para atualizá-lo, utilizá-lo ou o consumidor sente necessidade de adquirir um produto mais atual.

1. O que você entende por obsolescência programada? E obsolescência perceptiva?
2. Qual é o interesse das empresas ao reduzir a vida útil dos produtos?

Como eu transformo

Trocar para economizar e reutilizar

História Geografia Língua Portuguesa

O que vamos fazer?
Organizar uma Feira de Trocas na escola.

Para que fazer?
Para incentivar o consumo consciente e a reutilização de objetos.

Com quem fazer?
Com os colegas, o professor e as pessoas que moram com você.

Como fazer?

1. Converse com os colegas e o professor a respeito de objetos que você tem em casa e não utiliza há algum tempo. Por que esses objetos estão guardados? Você é apegado a eles? Se houver algum item quebrado, é possível consertá-lo?

▶ Roupas para a Feira de Trocas.

2. Em seguida, converse com as pessoas que são responsáveis por você sobre a possibilidade de disponibilizar esses objetos para a Feira de Trocas da escola.

3. Se houver algo obsoleto ou que não tenha conserto, pergunte às pessoas de seu convívio sobre qual seria o encaminhamento correto para descartá-lo. Se algum objeto necessita de conserto, leve-o para ajustes e consertos antes de oferecê-lo para troca.

4. Verifique, com sua turma e o professor, o melhor dia para a Feira de Trocas e estabeleçam as regras para as trocas. Em seguida, elaborem o convite que será encaminhado às pessoas que moram com vocês.

5. No dia combinado, ajude na organização da feira e oriente os convidados em relação às regras estabelecidas para as trocas.

6. Após o evento, participe de uma roda de conversa com sua turma para compartilharem os sentimentos e as sensações despertados desde o momento de selecionar os itens que poderiam ser trocados até a efetivação da troca. Caso não tenha trocado seu produto, discutam sobre os motivos que impediram a troca dele por outra coisa.

Você costuma comprar mais do que precisa? Por quê?

Hora da leitura

Conheça os 12 princípios do consumo consciente

Consumir com consciência é consumir diferente, tendo no consumo um instrumento de bem-estar e não um fim em si mesmo

1. Planeje suas compras
[...] Planeje antecipadamente e, com isso, compre menos e melhor.
2. Avalie os impactos de seu consumo
[Considere] o meio ambiente e a sociedade em suas escolhas de consumo.
3. Consuma apenas o necessário
Reflita sobre suas reais necessidades e procure viver com menos.
4. Reutilize produtos e embalagens
Não compre outra vez o que você pode consertar, transformar e reutilizar.
5. Separe seu lixo
Recicle e contribua para a economia de recursos naturais, a redução da degradação ambiental e a geração de empregos.
6. Use crédito conscientemente
Pense bem se o que você vai comprar a crédito não pode esperar e esteja certo de que poderá pagar as prestações.
7. Conheça e valorize as práticas de responsabilidade social das empresas
[...] Valorize as empresas em função de sua responsabilidade para com os funcionários, a sociedade e o meio ambiente.
8. Não compre produtos piratas ou contrabandeados
Compre sempre do comércio legalizado e, dessa forma, contribua para gerar empregos estáveis e para combater o crime organizado e a violência.
9. Contribua para a melhoria de produtos e serviços
Adote uma postura ativa. Envie às empresas sugestões e críticas construtivas sobre seus produtos e serviços.
10. Divulgue o consumo consciente
[...] sensibilize outros consumidores e dissemine informações, valores e práticas do consumo consciente. [...]
11. Cobre dos políticos
Exija de partidos, candidatos e governantes propostas e ações que viabilizem e aprofundem a prática de consumo consciente.
12. Reflita sobre seus valores
Avalie constantemente os princípios que guiam suas escolhas [...]

Instituto Akatu. Disponível em: <www.akatu.org.br/noticia/conheca-os-12-principios-do-consumo-consciente/>. Acesso em: 26 abr. 2019.

1 Analise os 12 princípios do consumo consciente. Quais deles são seguidos em sua casa?

Revendo o que aprendi

1 Observe a imagem e assinale a propriedade do ar que ela representa.

☐ massa

☐ dureza

☐ compressibilidade

☐ elasticidade

☐ sem forma definida

2 Reconheça a propriedade dos materiais caracterizada em cada imagem a seguir.

a) ▶ A bússola é um ímã cujo polo norte aponta para o polo sul do planeta Terra, que por sua vez, também é um ímã.

_____

b) ▶ Maçã verde flutuando na água.

_____

3 Protetores são acoplados às tomadas para evitar que crianças pequenas tomem choques. Que material é mais adequado para se fazer esse tipo de protetor: metal ou borracha? Explique por quê.

_____

4 Tendo em vista atitudes responsáveis com o meio ambiente, qual é a melhor escolha para carregar compras de supermercado: sacolas de plástico ou de tecido? Por quê?

_____

_____

_____

5 O que é melhor para o ambiente: usar copo descartável ou copo de vidro? Por quê?

_____

_____

6 Leia o texto abaixo e responda às questões.

Consumo responsável

Você já se perguntou de onde vem e para onde vai o que você consome diariamente?

[...]

Em geral, o que vemos são pessoas escolhendo quais produtos vão comprar a partir do desejo e da necessidade, sem pensar no que esse ato provoca, para além do que seus olhos veem, no mundo a sua volta. Ao comprar alimentos, a maioria das pessoas se preocupa mais com aparência, sabor e preço, deixando de lado suas consequências para a saúde, o meio ambiente, a sociedade, a cultura, a economia e o mundo. Mas não podemos esquecer que, ao escolher comprar este ou aquele produto, estamos alimentando também atitudes que podem ser ou não sustentáveis.

Vivemos numa cultura em que o consumismo e a prática de relações desrespeitosas com os trabalhadores têm trazido sérias consequências para a sustentabilidade da vida no planeta. Refletir sobre o nosso consumo e buscar alternativas mais sustentáveis e responsáveis é um dos maiores desafios que o homem encontra hoje para efetivamente contribuir na construção de uma melhor qualidade de vida para si e para todos.

Renata de Salles S. Pistelli e Thais Silva Mascarenhas. *Organização de grupos de consumo responsável*. São Paulo: Instituto Kairós, 2011. p. 4-5.

a) O que é o consumo responsável?

_____

_____

b) Qual é a importância de usarmos apenas o necessário dos recursos naturais?

_____

_____

c) Você se considera um consumidor responsável? Que atitudes adota para ajudar a manter o equilíbrio ambiental?

_____

_____

_____

Nesta unidade vimos

- A matéria tem propriedades como massa, densidade, compressibilidade, dureza, elasticidade, solubilidade, permeabilidade e atração magnética. Alguns materiais são bons condutores de calor e eletricidade; outros são considerados isolantes porque são maus condutores de calor e eletricidade.

- A água se movimenta na natureza e muda de estado físico de acordo com a temperatura em que se encontra. Ela pode estar nos estados líquido, sólido ou gasoso. Esse movimento da água no ambiente se chama ciclo da água.

- O ciclo da água implica no regime de chuvas, que influencia a quantidade de água disponível para diversas atividades humanas, como irrigação de lavouras, geração de energia e consumo doméstico.

- Todos os produtos que usamos no dia a dia são feitos com algum material retirado da natureza. Para minimizar os danos ao meio ambiente, devemos reduzir o consumo.

- As embalagens dos produtos que consumimos se acumulam no ambiente e geram poluição.

- A reciclagem e a reutilização de materiais são uma saída para diminuir os danos causados ao meio ambiente pelo consumo de produtos industrializados.

▶ Os recursos para fabricação de produtos vem da natureza e sua extração altera a paisagem e pode causar danos ao ambiente, como visto na página 35.

Para finalizar, responda:

- Indique três propriedades dos materiais e explique o que elas significam.
- Explique o que é ciclo da água na natureza e descreva os estados físicos pelos quais a água vai passando em cada fase desse ciclo.
- Que atitudes podemos ter para diminuir os danos ao meio ambiente antes de consumir produtos e depois de consumi-los? Cite duas atitudes para cada ocasião.

Para ir mais longe

Livros

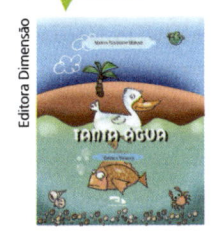

▶ **Tanta água**, de Marta Bouissou Morais. Belo Horizonte: Dimensão, 2008.

Incentiva a criança a refletir sobre a importância da água para a regulação do clima e a necessidade de conservação desse recurso.

▶ **Aventuras de uma gota-d'água**, de Samuel Murgel Branco. São Paulo: Moderna, 2011.

Conta, de forma lúdica, como ocorre o ciclo da água na natureza, desde a formação das nuvens até o surgimento dos rios, além de abordar a importância da água e a questão da poluição.

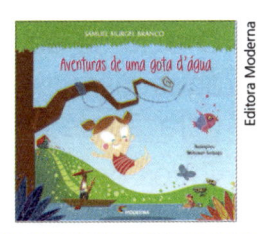

▶ **Eletricidade e ímãs**, de Sarah Angliss. São Paulo: Girassol, 2013. (Coleção Ciência à Mão).

Descreve experimentos detalhados para explorar na prática os princípios científicos. Repleto de curiosidades, tem instruções claras e utiliza materiais comuns.

Sites

▶ **TV Escola**: <https://tvescola.mec.gov.br/tve/home>.
Para acessar os vídeos da série *De onde vem?*, digite "Kika" no campo de buscas do *site*.

▶ **Ministério do Meio Ambiente**: <www.mma.gov.br>.
Com o professor, vá à "Central de conteúdos", clique em "vídeos" e acesse a série *Separe o lixo e acerte na lata*.

▶ **Jogo lixo legal**: <www.cempre.org.br/jogolixolegal>.
Jogo de tabuleiro *on-line* sobre lixo.

Visitação

▶ **Museu da Água de Piracicaba**. Piracicaba, São Paulo.
Localizado em uma antiga estação de tratamento de água, o museu oferece instalações educativas, como a caixa-d'água em que o visitante pode ver quanta água consome ao lavar as mãos. Mais informações em: <www.semaepiracicaba.sp.gov.br/?p=bXVzZXU=>. Acesso em: 26 abr. 2019.

UNIDADE 2
Alimentação e digestão

- Descreva o ambiente mostrado nesta imagem.
- Como as pessoas obtêm energia para realizar estas atividades?
- Que seres vivos utilizados pelas pessoas como alimento você reconhece na imagem?
- Você considera sua alimentação saudável?

Os tons de cores e a proporção entre os tamanhos dos seres vivos representados não são os reais.

CAPÍTULO 1

Os alimentos em nossa vida

Jogo dos alimentos

Forme uma dupla com um colega e sigam as orientações.

1. Destaquem as páginas 205 e 207, da seção **Encartes**, e recortem as ilustrações dos alimentos.
2. Recortem vinte retângulos de cartolina ou papelão, de 7 cm × 12 cm.
3. Em cada retângulo, colem a imagem dos alimentos que vocês recortaram, dos quais 10 são de origem animal e 10 de origem vegetal.

▶ Montagem do **Jogo dos alimentos**.

Hélio Senatore

4. Embaralhem as peças e espalhem na mesa com a face das imagens virada para baixo.
5. Decidam quem começará o jogo, e o primeiro vira duas peças.
6. Se saírem dois alimentos de origem animal ou dois de origem vegetal, o aluno pega as duas cartas para si; se os alimentos das cartas não tiverem a mesma origem, o aluno devolve as cartas na mesa.
7. Depois, é a vez do colega.
8. Ao final, quando acabarem as cartas da mesa, vence o aluno que estiver com mais cartas na mão.

1 Quais são os alimentos de origem animal?

2 Quais são os alimentos de origem vegetal?

3 Quais desses alimentos você costuma comer?

Diversidade de alimentos

Você já viu uma imagem como esta? Ela representa, de modo comparativo, as quantidades de cada grupo de alimentos que devem ser consumidas para se ter refeições saudáveis.

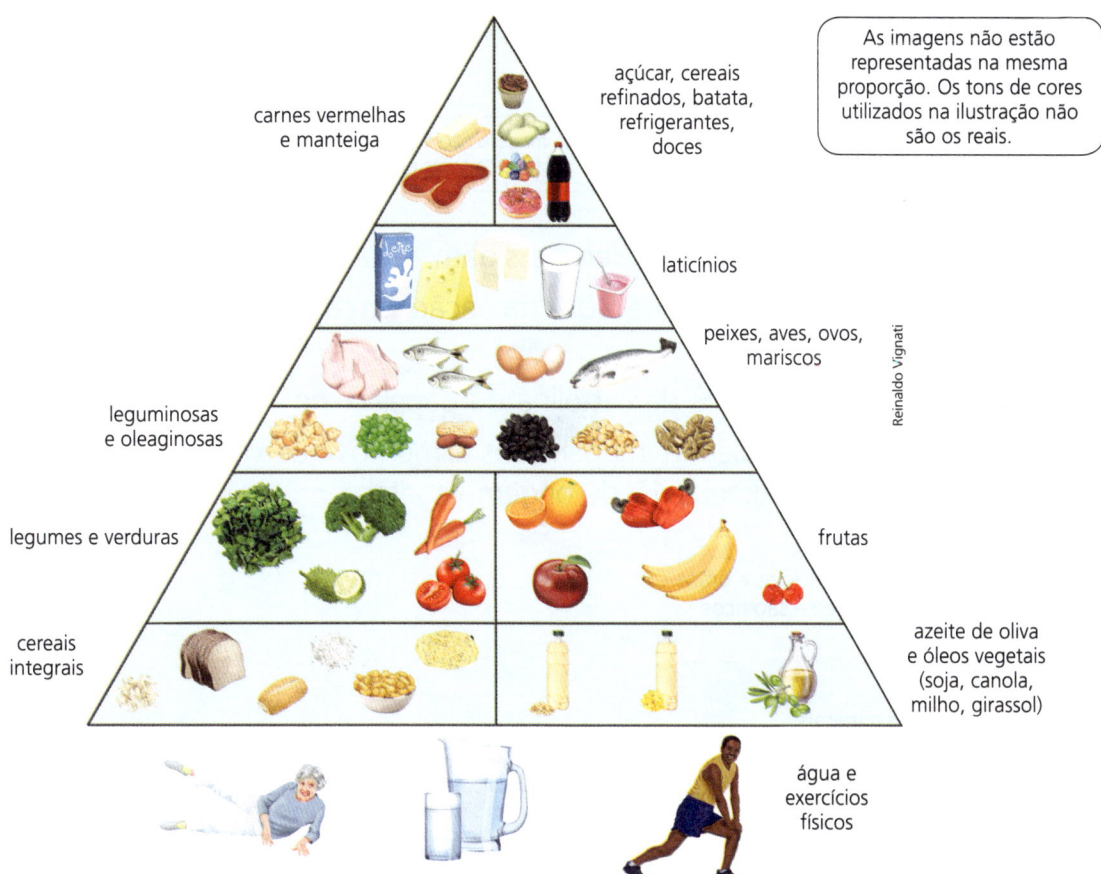

▶ Pirâmide dos alimentos que mostra a quantidade diferenciada por grupo de alimentos e a importância da ingestão de água e da prática de atividades físicas.

WILLETT, W.C. *Eat, drink, and be healthy*: The Harvard Medical School Guide to Healthy Eating. New York: FreePress, 2001.

Os alimentos do topo da pirâmide devem ser consumidos habitualmente em menor quantidade do que os que estão em andares inferiores. Ou seja, a quantidade de laticínios, carne vermelha, batata, doces e refrigerantes consumidos deve ser menor do que a dos alimentos que estão na base da pirâmide.

Para manter a saúde é importante ter uma alimentação variada, que forneça ao organismo todos os nutrientes necessários a seu perfeito funcionamento. Também é importante praticar atividades físicas e beber água regularmente. O consumo de água é essencial para que as atividades de obtenção de energia, crescimento e regulação do corpo transcorram bem.

É recomendado às pessoas que bebam no mínimo 2 litros de água por dia (seis a oito copos), preferencialmente entre as refeições. Essa quantidade pode variar de acordo com as atividades físicas que o indivíduo desempenha e com a temperatura do ambiente. Ao longo do dia, é importante lembrar às crianças e aos idosos que precisam beber água. A água destinada para beber deve ser sempre tratada ou fervida.

Os nutrientes dos alimentos

Para realizarmos qualquer atividade, como andar, respirar e até mesmo pensar, precisamos de energia, e ela é obtida dos nutrientes dos alimentos que consumimos. Os principais nutrientes encontrados nos alimentos são: proteínas, carboidratos, gorduras, vitaminas, água e sais minerais.

As **proteínas** são importantes para a construção e a manutenção do corpo. Carne, ovos, leite, legumes e certos tipos de grãos, como feijão, soja e ervilha, são alimentos ricos em proteína.

As imagens não estão representadas na mesma proporção. Os tons de cores utilizados na ilustração não são os reais.

Os **carboidratos**, também conhecidos como açúcares, fornecem energia ao corpo. Arroz, pão, massas, açúcar e batata são exemplos de fontes de carboidrato.

▶ Alimentos como carnes, laticínios e grãos – por exemplo, soja e feijão – são ricos em proteínas.

▶ Alimentos como macarrão, pães integrais e grãos – por exemplo, arroz e aveia – são ricos em carboidratos.

Ilustrações: Reinaldo Vignati

As **vitaminas** e os **sais minerais** regulam o funcionamento do organismo e, além disso, fazem parte da constituição de alguns órgãos, como os ossos. Esses componentes estão em diversos alimentos, como frutas, legumes e verduras.

Os **óleos** e as **gorduras** fazem parte da constituição do corpo e também são reservas de energia para o organismo, além de auxiliarem na manutenção da temperatura do corpo. Manteiga, azeite, leite e alguns peixes, como o salmão, são ricos em gordura.

▶ Vegetais como frutas, legumes e verduras são ricos em vitaminas e sais minerais.

▶ Alimentos como azeites, manteiga e castanhas são ricos em óleos ou gorduras.

As quantidades de alimento

Para obter todos os nutrientes necessários e ter uma vida saudável, todas as pessoas precisam ingerir a mesma quantidade de alimento? Isso depende das necessidades de cada um, consideram-se o sexo, a idade e a rotina diária que cada pessoa desempenha. O quadro a seguir mostra a quantidade em **porções** dos tipos de alimento da pirâmide alimentar recomendada conforme a faixa etária.

Glossário

Porção: quantidade de alimento em sua forma usual de consumo, expressa em medidas caseiras (xícaras, fatias etc.), unidades ou na forma de consumo (quatro gomos de laranja, uma fatia de mamão, quatro unidades de biscoito etc.).

NÚMERO DIÁRIO DE PORÇÕES RECOMENDADO PARA CADA GRUPO DA PIRÂMIDE ALIMENTAR, DE ACORDO COM A FAIXA ETÁRIA				
Grupos de alimentos	6 a 11 meses	1 a 3 anos	Pré-escolar e escolar	Adolescentes e adultos
Cereais, pães, massas e tubérculos	3	5	5	5 a 9
Hortaliças	3	3	3	4 a 5
Frutas	3	4	3	4 a 5
Carnes e ovos	2	2	2	1 a 2
Leguminosas	1	1	1	1
Leite e derivados	leite materno	3	3	3
Óleos e gorduras	2	2	1	1 a 2
Açúcares	0	1	1	1 a 2

Fonte: Ministério da Saúde – 2002; Sociedade Brasileira de Pediatria – 2012.

Combinar alimentos de forma adequada nas refeições é uma atitude saudável, pois fornece ao organismo os nutrientes de que ele precisa.

Nenhum alimento sozinho tem todos os nutrientes necessários ao corpo. Lembre-se do que você aprendeu ao estudar a pirâmide alimentar. Veja as refeições.

▶ Prato com arroz, feijão, filés de frango grelhado, salada de alface, repolho roxo, tomate e cenoura.

▶ Prato com arroz e batatas fritas.

◆ Ao considerar a qualidade nutritiva, qual dos dois pratos você escolheria? Por quê?

◆ Qual é o problema de qualidade nutritiva do outro prato?

Atividades

1 Por que é importante variar os tipos de alimento consumidos?

_____

2 Observe a tirinha e responda às questões.

Disponível em: <http://turmadamonica.uol.com.br/tirinhas/index.php?a=29>. Acesso em: 26 abr. 2019.

a) Por que a mãe do Cebolinha serviu peixe novamente?

b) Se Cebolinha passar muito tempo no local e só comer peixe, ele terá uma dieta equilibrada? Justifique.

3 Observe a pirâmide alimentar e responda às questões.

a) Essa pirâmide pode ser considerada completamente saudável? Justifique.

_____

_____

_____

b) Quais são as principais diferenças entre essa pirâmide alimentar e a da página 59?

_____

_____

▶ Pirâmide com alimentos ricos em carboidratos e gorduras.

4 Monte no caderno um cardápio para um almoço e classifique cada alimento de acordo com o respectivo grupo de nutrientes: carboidratos, proteínas, óleos e gorduras, vitaminas e sais minerais.

◆ Mostre seu cardápio aos colegas e ao professor e discutam se os alimentos que o compõem proporcionam uma alimentação equilibrada e em que aspectos vocês podem melhorá-lo.

Alimentos processados

Observe a imagem. O consumo destes alimentos é frequente em sua casa?

As imagens não estão representadas na mesma proporção.

▶ Salgadinhos, biscoitos, balas, suco, molhos, palmito em conserva e alimentos enlatados.

Todos esses alimentos são processados, ou seja, foram fabricados pela indústria. Eles estão cada vez mais presentes na alimentação das pessoas por serem práticos; muitos já vêm prontos, têm validade extensa e são fáceis de armazenar.

São produtos que geralmente têm bastante gordura, sal e açúcar, ingredientes que os tornam mais crocantes e saborosos, além de várias substâncias artificiais, como corantes e conservantes. Todos esses ingredientes, se consumidos em excesso, podem prejudicar a saúde de quem os consome, pois os métodos utilizados na fabricação alteram a composição nutricional do alimento.

Os ingredientes adicionados no processamento modificam a quantidade de nutrientes. O consumo em excesso pode causar obesidade e problemas cardiovasculares.

Existe uma lei que exige que todos os alimentos industrializados tragam na embalagem a data de validade e os tipos de aditivos que contêm.

Os aditivos são, geralmente, identificados por letras maiúsculas. Veja exemplos de alguns tipos de aditivos:

Corantes (C): encontrados na maioria dos alimentos industrializados, sua função é "colorir" os produtos, o que estimula o sentido da visão.

Antioxidantes (A): evitam que o produto estrague em contato com o ar.

Acidulantes (H): imitam o sabor de certas frutas e dão um toque ácido ou agridoce às bebidas.

Conservantes (P): são usados para evitar a ação de microrganismos, o que prolonga o tempo que os alimentos duram sem estragar.

Flavorizantes e aromatizantes (F): realçam, respectivamente, o sabor e o aroma dos alimentos industrializados, estimulam os sentidos da gustação e do olfato.

Estabilizantes (ET): ajudam a conservar o produto.

▶ Rótulo de gelatina zero açúcar, um tipo de alimento processado.

Na prática

Vamos observar com atenção o rótulo de um alimento processado?

Material:

- embalagens de diferentes produtos processados (pó para preparo de gelatina, sucos líquidos ou em pó, enlatados, biscoitos, conservas, chocolates, salgadinhos etc.).

Procedimento

1. Reúna-se com mais três colegas para observar as embalagens dos alimentos.
2. Agrupem as embalagens de acordo com o tipo de alimento (bebida, gelatina, conserva, doce, salgadinho etc.).
3. No caderno, para cada alimento, façam um quadro com as seguintes informações: nome do produto, tipo de alimento, componente natural, tipos de aditivos.

▶ Sempre verifique o rótulo dos produtos antes de comprá-los.

Com base nos resultados da atividade, responda, também no caderno, às questões a seguir.

1. Quais aditivos químicos estão presentes nesses alimentos?

2. Qual é a função desses aditivos?

3. Algum desses alimentos poderia ser substituído por outro natural? Quais deles? Por qual produto natural você os substituiria?

4. Com base na pirâmide alimentar da página 59 e na tabela da página 61, monte uma pirâmide com os alimentos dos rótulos que você analisou nessa atividade e outros alimentos que desejar acrescentar. Para isso, considere os seguintes aspectos:
    - caso seja possível a substituição de alguns desses alimentos processados por algum produto natural, dê preferência para representar em seu desenho os que são mais saudáveis;
    - quantidade diária recomendada para cada alimento;
    - não se esqueça de incluir no desenho a ingestão de água e a prática de atividade física.

Alimentação saudável

Você já sabe que, para funcionar, nosso corpo precisa de energia proveniente do alimento. A quantidade de energia fornecida por um alimento pode ser medida em calorias. No entanto, os valores encontrados em calorias são muito altos – por exemplo, uma maçã pode ter cerca de 85 000 calorias – por esse motivo encontramos sempre os valores em quilocalorias (kcal).

1 kcal = 1 000 calorias, assim, uma maçã pode ter cerca de 85 kcal

INFORMAÇÃO NUTRICIONAL / Porção de 200g (1 copo)		
	Quantidade por porção	(*) % VD
Valor Energético 153 Kcal = 645 KJ		8
Carboidratos	30 g	10
Proteínas	2,5 g	3
Gorduras Totais	2,5 g	5
Gorduras Saturadas	1,5 g	7
Gordura Trans	0	(**)
Fibra Alimentar	0	0
Sódio	90 mg	4

(*) Valores Diários com base em uma dieta de 2.000 Kcal ou 8.400 KJ. Seus valores diários podem ser maiores ou menores dependendo de suas necessidades energéticas.
(**) VD não estabelecido.

▶ Tabela de informação nutricional encontrada em um rótulo de leite. Note que o valor energético é mostrado em kcal.

Para manter o organismo em funcionamento perfeito, uma criança de 10 anos precisa ter uma alimentação diária com aproximadamente 2 000 kcal. A quantidade de calorias de um alimento industrializado pode ser observada no rótulo ou embalagem. Alimentos ricos em carboidratos e gorduras costumam ter maior quantidade de calorias. Lembre-se de que uma alimentação saudável deve conter todos os nutrientes, em quantidades adequadas.

Não há uma quantidade exata de alimento definida como saudável, pois isso varia de acordo com idade, sexo, condição física e estilo de vida de cada pessoa. Uma forma de garantir a boa alimentação é variar os alimentos, alimentar-se de forma moderada e fazer pelo menos três refeições por dia. As principais refeições em geral são café da manhã, almoço e jantar. É importante fazer refeições menores nos intervalos entre as refeições principais.

▶ No café da manhã, em nosso país, é comum as pessoas se alimentarem com suco de frutas, leite, café, pão, manteiga, queijo, bolo, frutas, entre outros.

▶ O almoço é uma refeição muito importante e deve ser bem reforçado e variado; por isso, nada de sanduíches nesse horário!

▶ O jantar deve ser uma refeição mais leve, para não atrapalhar o sono. É recomendável as pessoas comerem salada, legumes cozidos ou sopa na refeição da noite.

É importante lembrar que os tipos de alimento consumidos variam de uma região para outra conforme a disponibilidade deles e a cultura regional.

Atividades

1 Observe o quadro a seguir. Ele mostra alguns alimentos, seus valores energéticos e as quantidades de nutrientes que eles fornecem.

ALIMENTOS E SEUS NUTRIENTES				
Alimentos (porções de 100 g)	Energia (kcal)	Proteínas (g)	Gorduras (g)	Carboidratos (g)
Leite de vaca, integral, em pó	497	25,4	26,9	39,2
Pão francês	300	8,0	3,1	58,6
Ovo frito	240	15,6	18,6	1,2
Carne de vaca	219	35,9	7,3	0,0
Carne de vaca tipo charque	263	36,4	11,9	0,0
Peixe frito	223	27,4	11,8	0,0
Batatas fritas	267	5,0	13,1	35,6
Arroz cozido	128	2,5	0,2	28,1
Feijão cozido	76	4,8	0,5	13,6
Macarrão cozido com molho de carne	120	4,9	0,9	22,5
Tomate cru	15	1,1	0,2	3,1
Banana-nanica	92	1,4	0,1	23,8
Chocolate ao leite em barra	540	7,2	30,3	59,6

Fonte: Nepa. *Tabela brasileira de composição de alimentos*. Campinas: Unicamp, 2011. Disponível em: <www.cfn.org.br/wp-content/uploads/2017/03/taco_4_edicao_ampliada_e_revisada.pdf>. Acesso em: 26 abr. 2019.

a) Quais são os dois alimentos que fornecem mais energia?

b) Quais são os dois alimentos que fornecem mais proteínas?

c) Uma pessoa que necessita reduzir o consumo de carboidratos e de gordura precisa evitar quais alimentos?

d) O peixe é uma ótima fonte de proteína, porém no quadro está com alto índice de gordura. Qual forma de preparo alternativa deixaria o peixe mais saudável?

e) Em duplas, organizem um cardápio diário com alimentos saudáveis e considerem a necessidade de 2 000 kcal por dia. Registrem-no em uma folha avulsa e comparem com os cardápios elaborados pelos outros grupos.

2 Sabemos que precisamos nos alimentar para ter energia. Essa energia é gasta em todas as atividades que realizamos. Observe o quadro a seguir, que apresenta o consumo médio de energia gasto por hora em relação a algumas atividades.

ATIVIDADES E CONSUMO DE ENERGIA (30 minutos para uma pessoa de 70 kg)	
Atividade	Consumo de energia (kcal)
Dormir ou ficar em repouso	23
Andar devagar	130
Ver TV	28
Andar de bicicleta	298

Fonte: Harvard Health Publishing. Disponível em: <www.health.harvard.edu/diet-and-weight-loss/calories-burned-in-30-minutes-of-leisure-and-routine-activities>. Acesso em: 26 abr. 2019.

a) Se uma pessoa que pesa 70 kg andar de bicicleta por meia hora, ela consumirá mais energia ou menos do que se andar devagar pelo mesmo período? Qual é a diferença de energia gasta nessas duas atividades?

_____

b) Muitas pessoas acreditam que no período em que dormimos não gastamos energia. Você concorda com essa afirmativa? Por quê?

_____

_____

3 Consulte o quadro da página 61 e monte no caderno o cardápio completo de um dia para você e mais 3 pessoas de sua convivência. Considere 5 refeições diárias: café da manhã, lanche da manhã, almoço, lanche da tarde e jantar. Peça a ajuda do seu professor e use como modelo o quadro abaixo para se organizar.

REFEIÇÕES	ADULTO HOMEM	ADULTO MULHER	VOCÊ	CRIANÇA
Café da manhã				
Lanche da manhã				
Almoço				
Lanche da tarde				
Jantar				

CAPÍTULO 2

Cultura alimentar

Lenda da mandioca

Numa tribo indígena a filha do Tuxaua deu à luz Mani, uma menina branca como leite.

A criança logo depois que nasceu começou a andar e falar. Mas não viveu muito tempo. Antes de completar um ano, morreu sem ter adoecido. O Tuxaua mandou enterrá-la na própria aldeia, e a mãe todos os dias lhe regava a sepultura, sobre a qual nascera uma planta que deu flores e frutos.

Certa vez a terra abriu-se ao pé da planta e apareceram as raízes. Os índios as colheram e viram que eram brancas como o corpo de Mani, e deram o nome de **Maníoca** (casa de Mani ou corpo de Mani). E à planta deram o nome de maniva (**Mandioca**).

Regina Coeli Vieira Machado. Lendas indígenas. *Fundação Joaquim Nabuco*. Disponível em: <http://basilio.fundaj.gov.br/pesquisaescolar./index.php?option=com_content&id=308>. Acesso em: 26 abr. 2019.

1. Você gosta de mandioca? Em sua casa ela é um alimento comum?

   _____

2. Pesquise diferentes tipos de alimentos feitos com mandioca e registre. Depois conte aos colegas e ao professor o que descobriu.

   _____

   _____

3. Vamos apresentar para os outros colegas da escola uma peça de teatro que conte a lenda da mandioca?

   ◆ Organizem-se em grupos e distribuam as tarefas: alguns alunos poderão ser os atores (um será o cacique, outro a mãe da criança, outro Mani, outros serão pássaros e outros índios); outro grupo poderá ficar responsável por fazer o cenário; e os outros poderão elaborar convites e distribuí-los para as outras turmas da escola.

A alimentação e a cultura

Nossa alimentação é influenciada por nossa cultura e está relacionada com: a abundância dos alimentos comuns nas regiões; a facilidade de acesso a eles; o modo pelo qual os obtemos, conservamos e preparamos; os hábitos familiares; e nosso padrão de consumo, ou seja, quais alimentos consideramos comestíveis ou não.

Na atividade da página anterior, você conheceu uma lenda indígena sobre a mandioca. Essa planta fazia parte da alimentação dos povos indígenas que viviam no Brasil. Com eles, os colonizadores portugueses aprenderam a comer mandioca e começaram a prepará-la de diferentes maneiras.

Assim também ocorreu com vários outros itens que fazem parte de nossa alimentação. Aprendemos a utilizar os alimentos que estavam disponíveis no lugar onde moramos e acrescentamos a nosso cardápio ingredientes e pratos originários da culinária indígena, das tradições africanas e dos imigrantes.

▶ O acarajé é uma comida típica da Bahia. Um de seus recheios é o vatapá. Esses pratos representam a influência das tradições africanas em nossa alimentação.

▶ O *sushi* é uma comida trazida por imigrantes japoneses.

O Brasil, devido a sua grande extensão territorial e diferentes climas, produz alimentos variados. Outro fator que se destaca em nosso país é o extenso litoral e a grande quantidade de rios, o que favorece a pesca.

Assim, cada região do país utiliza na alimentação produtos agrícolas cultivados no local e também usa aqueles que são oriundos da influência dos povos que ali viviam ou dos que vieram de fora, tanto colonizadores quanto escravizados e imigrantes. Muitos ingredientes e sabores se destacam nas diferentes regiões do país.

Riqueza cultural, riqueza culinária

Em que região do Brasil você mora? Quais são os alimentos mais comuns em sua região?

O Brasil tem uma culinária muito diversificada. Cada região tem seus pratos típicos.

Na **Região Norte** é comum o uso da mandioca (herança cultural indígena) na elaboração de diferentes pratos. Também são comuns receitas com peixes de água doce. As frutas silvestres, como graviola, açaí, murici, cupuaçu e mangaba são utilizadas para fazer sorvetes e sucos.

Brasil: político — 2016

Fonte: *Atlas geográfico escolar*. 7. ed. Rio de Janeiro: IBGE, 2016. p. 94.

▶ Tacacá é uma comida típica do Norte. Esse prato é um caldo feito com goma de mandioca e folhas de jambu.

▶ Graviola, fruta silvestre natural das regiões Norte e Nordeste do Brasil, muito usada na produção de sucos e doces.

A culinária da **Região Nordeste** recebeu influência indígena, portuguesa e africana, além de contribuições de holandeses, franceses e ingleses, que invadiram o território e o dominaram durante uma época.

A carne de sol é um alimento muito comum no Nordeste. Acredita-se que teve origem no hábito indígena de secar a carne de caça para conservá-la por algumas semanas. O cultivo da cana-de-açúcar propiciou o hábito de comer rapadura e melado.

▶ Charque ou carne-seca – carne bovina cortada, salgada e seca ao Sol.

▶ Rapadura, doce feito com o caldo concentrado da cana-de-açúcar.

A culinária da **Região Sudeste** recebeu influência dos indígenas, dos africanos, dos colonizadores e dos diversos grupos de imigrantes que se fixaram nos estados do Rio de Janeiro, São Paulo, Minas Gerais e Espírito Santo.

São exemplos de alimentos típicos dessa região: moqueca de peixe capixaba, virado à paulista, doces em compota, além de pratos de diferentes imigrantes, como os italianos (nhoque, canelone etc.), japoneses (*sushi*, *sashimi* etc.) e árabes (quibe, esfirra etc.), entre outros.

Na **Região Sul**, a forte presença de imigrantes se manifesta nos hábitos alimentares e num cardápio bastante rico e variado, com influências alemã (batata, centeio, carnes defumadas e a cuca, um pão ou bolo coberto com frutas e farofa açucarada), italiana (vinho, massas e alcachofra) e polonesa (repolho, pão de leite e sopas).

A forte presença da pecuária e da agricultura faz com que a alimentação inclua carnes, cereais e verduras.

Dois hábitos alimentares que se destacam principalmente no estado do Rio Grande do Sul são o churrasco (carne assada na brasa) e o chimarrão (bebida feita com erva-mate).

Os primeiros habitantes da **Região Centro-Oeste** alimentavam-se da caça, da pesca e das frutas locais. Com a abertura de estradas e o surgimento de mais oportunidades de trabalho, brasileiros de outras regiões foram para o Centro-Oeste levando consigo seus hábitos alimentares. Adicionaram à sua alimentação os frutos típicos dessa região, por exemplo, o pequi.

▶ Moqueca capixaba.

▶ Churrasco e chimarrão.

▶ Frango com pequi.

Apesar de serem característicos de cada região, muitos alimentos são transportados para outras regiões, sendo possível saboreá-los em casa ou em restaurantes de comidas típicas.

Atividades

1 A ilustração representa um esquema da composição de um prato de comida saudável. Considere a região brasileira em que você mora e escolha um prato típico que comeria em uma refeição e os respectivos acompanhamentos. Anote, nas linhas indicadas, cada tipo de alimento que compõe o prato típico que você escolheu. Em seguida, compare-o com as quantidades recomendadas para cada tipo de alimento da pirâmide alimentar. Depois responda:

a) Quando come esse prato típico, você considera que fez uma refeição saudável e equilibrada? Por quê?

b) Há algum alimento que você aumentaria ou diminuiria a quantidade? Justifique sua resposta.

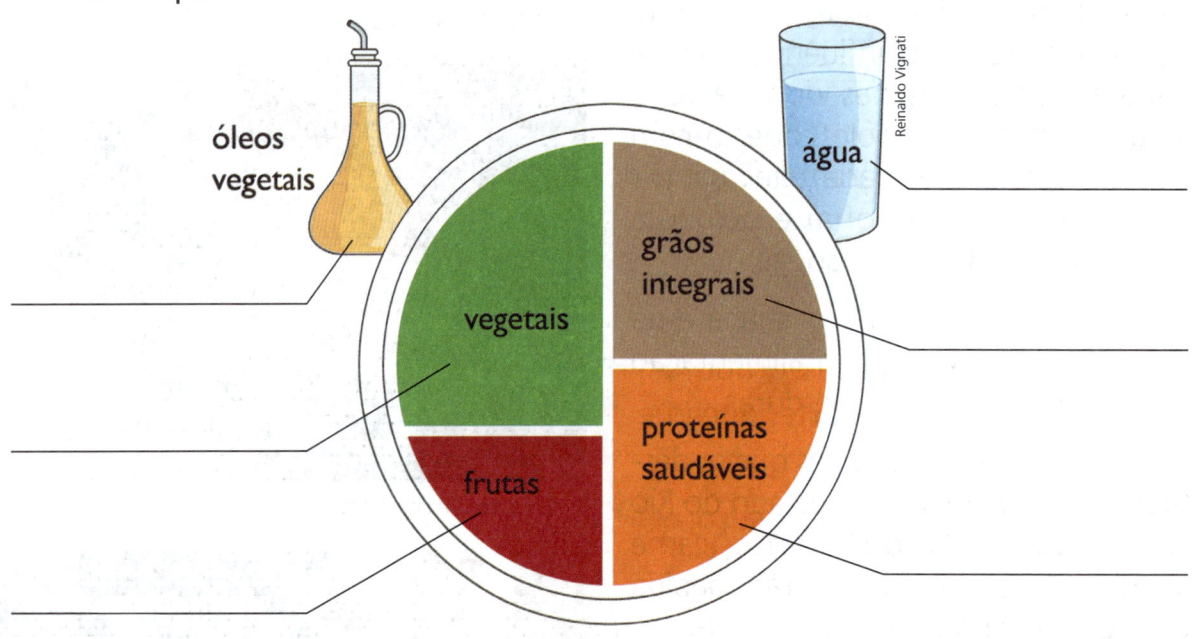

Fonte: <www.hsph.harvard.edu/nutritionsource/healthy-eating-plate/>. Acesso em: 26 abr. 2019.

2 Pesquise alimentos que são herança cultural de diferentes povos. Você pode escolher aqueles que normalmente comemos, que tenham influência indígena, africana, italiana, árabe ou outras. Faça no caderno uma lista desses alimentos e indique a origem. Depois discuta com os colegas qual deles é mais comum na região em que você vive.

3 Muitos alimentos são mais consumidos em épocas específicas do ano e estão relacionados a nossas festas e tradições culturais. Existe algum alimento ou receita que você come em sua casa em uma ocasião especial? Qual é? Escreva abaixo, em seguida conte aos colegas e ao professor.

_____

4 Imagine que na sua sala de aula chegou um aluno novo. Ele nasceu em outro país e recentemente se mudou com os familiares para o Brasil. Para dar boas-vindas ao novo colega, a turma deve apresentar-lhe um prato da culinária local. Com os colegas e o professor, escolha um prato que melhor representa a região em que vocês vivem. Em seguida, verifique quais ingredientes vocês usariam para prepará-lo. Que tal fazer esse prato com a ajuda do pessoal da cozinha da escola?

5 Leia as informações, descubra qual é o alimento e complete o diagrama de palavras.

1. Alimento muito apreciado; com ele são feitos ovos e coelhinhos na época da Páscoa.
2. Alimento com o qual são feitos diversos doces, entre eles, a paçoca e o pé de moleque.
3. Ave geralmente consumida no Natal.
4. Alimento rico em ferro, que pode ser preto, marrom ou branco; ao lado do arroz, está presente na mesa dos brasileiros e é o principal ingrediente de um prato típico do país.
5. Alimento de origem animal, rico em cálcio. Com ele são feitos outros produtos, como nata, iogurte, queijo e manteiga.
6. Fruta com bastante suco; recebeu o nome de sua cor.
7. Alimento do grupo dos carboidratos, que geralmente está presente na primeira refeição do dia – o café da manhã.
8. Um dos pratos mais apreciados pelos brasileiros, herança dos italianos; é feito com massa, molho e queijo.
9. Alimento típico das festas juninas, com ele são preparados diversos pratos. Pode ser consumido também cozido e assado na brasa.

Um pouco mais sobre

Alimentos na arte

Os alimentos são tão importantes em nossa vida que muitos artistas se inspiraram neles para produzir belas obras de arte. Observe alguns exemplos.

▶ Paul Cézanne. *Mesa da cozinha*, 1888. Óleo sobre tela, 65 cm × 81 cm.

▶ Clara Peeters. *Still life with a tart, roast chicken, bread, rice and olives*, 1611. Óleo sobre tela, 55 cm × 73 cm.

Outros artistas transformaram a própria comida em obra de arte.

▶ Escultura de máquina fotográfica feita com cascas e pedaços de laranja e limão.

▶ Refeição decorada com uma paisagem feita com frutas, legumes e folhas.

1. Observando as quatro imagens, que nutrientes se destacam em cada uma delas?

2. Na quarta imagem temos um prato cujos alimentos serviram como elementos decorativos. Você acha que um prato decorado desta forma pode incentivar o consumo de frutas, verduras e legumes? Justifique sua resposta.

Atividades

1. Inspire-se na ideia da página anterior, do prato decorado com alimentos e desenhe, em uma folha, um prato no qual diferentes alimentos formem uma cena ou paisagem. Depois exponha seu trabalho no mural da sala de aula.

2. Além de pintores, outros artistas também se inspiram na alimentação saudável e criam poemas. Leia o trecho do **cordel** a seguir e depois faça o que se pede.

> A alimentação sadia
> Da nossa vida faz parte,
> Se quer ser forte e feliz
> À mesa jamais descarte
> Um colorido legal.
> Por isso, diz-se, afinal,
> Comer bem é uma arte.
> [...]
> Alimentação correta
> Deve ser bem planejada
> Com alimentos diversos
> De procedência adequada
> E é bem melhor se os tais
> Forem todos naturais
> Sem agrotóxicos nem nada [...]

Glossário

Cordel: gênero literário de poesia popular trazido ao Brasil pelos colonizadores portugueses, e que se difundiu pela região Nordeste. Recebeu esse nome porque os exemplares impressos são amarrados e pendurados em cordões para serem vendidos.

Manuel Monteiro. *Alimentação saudável em cordel*. Campina Grande: SESI/PB – Departamento Regional da Paraíba, 2011, p. 12 e 15. Disponível em: <http://docvirt.com/docreader.net/DocReader.aspx?bib=cordel&pagfis=93011>. Acesso em: 2 mai. 2019.

a) O que você achou dos versos deste cordel?

_____

b) Por que o autor cita que uma alimentação saudável deve ser bem colorida?

_____

c) Considerando o que aprendeu sobre alimentação saudável, copie partes do texto onde o autor cita o que deve ser uma alimentação saudável.

_____

_____

#Digital

Tradições africanas na alimentação brasileira

A população brasileira descende de vários povos. Assim, várias culturas diferentes misturaram-se ao longo de nossa história e formaram a rica e diversificada cultura brasileira, cujas características variam também de região a região. Entre os povos que influenciaram a cultura brasileira estão os indígenas, os colonizadores portugueses, os africanos e os imigrantes europeus e asiáticos.

A cultura africana deixou uma herança importante à cultura brasileira. Ela está presente em algumas palavras e expressões de nosso idioma, de nossa música e na culinária. O quibebe, o mugunzá, o acarajé e o vatapá são exemplos de pratos típicos criados pelos africanos e seus descendentes.

Agora é sua vez

O mugunzá doce, também conhecido como canjica, é um prato de origem africana. Veja quais são os ingredientes dessa receita:

- milho para canjica;
- leite condensado;
- leite comum;
- leite de coco;
- canela em pau e cravo.

Em sua opinião, basta misturar esses ingredientes para fazer o doce?

▶ O quibebe é um prato comum no Nordeste. Ele é feito com carne de sol cozida e refogada e com abóbora cozida.

▶ O mugunzá doce é um prato de origem africana apreciado em todo o país. Ele é conhecido também como canjica em algumas regiões brasileiras.

_____
_____
_____
_____

Como fazer o mugunzá

Vamos descobrir como se faz mugunzá doce com auxílio de um vídeo da internet? Siga as orientações.

1. Abra seu navegador na página de busca conforme as orientações do professor.

2. Digite no campo de busca as palavras-chave "receita" e "mugunzá doce". Clique na opção "Vídeos" para direcionar sua pesquisa.

   É provável que apareçam muitos resultados. Assista a pelo menos dois vídeos.

3. Com base nas receitas que você viu, responda às questões:

   a) O mugunzá doce é um prato cru, cozido, assado ou frito?

   _____

   b) Quando se junta leite de coco com leite comum é possível distinguir os componentes dessa mistura?

   _____

Nosso livro de receitas africanas

Acabamos de ver como os alimentos podem ser misturados para fazer receitas. Agora vamos descobrir as receitas de outros pratos de origem africana e fazer um livro de receitas da turma.

1. Abra o programa de edição de texto conforme a orientação do professor.

2. Ao alternar as janelas do navegador e do editor de texto, copie da internet a receita escolhida e cole-a em seu documento. Além de copiar a receita, você deve copiar o endereço da internet em que ela foi publicada e citar como fonte. Não se esqueça de colocar o título da receita.

3. Ao final, grave seu arquivo no computador para que ele possa ser resgatado em outro momento.

4. Em grupo, façam um arquivo único, com algumas receitas selecionadas e textos colados.

5. Depois, juntem as receitas do grupo com as dos outros grupos em um único arquivo de texto, o que produzirá um livro de receitas africanas. Deem um nome para o livro e o divulguem no *blog* da escola.

CAPÍTULO 3

Problemas relacionados à alimentação

Distúrbios nutricionais

A manchete é uma forma pela qual os meios de comunicação chamam a atenção do leitor para as notícias mais importantes. Leia a seguir exemplos de algumas manchetes relacionadas a situações que envolvem alimentação.

Agência Saúde

NUTRIÇÃO PARA O CRESCIMENTO
Brasil alerta sobre consequências da má-nutrição e obesidade infantil

Na 2ª edição do evento Nutrição para o Crescimento, país se compromete a fortalecer estratégias para a promoção da saúde, da alimentação saudável e da boa nutrição

Fonte: Portal da Saúde. Disponível em: <http://portalms.saude.gov.br/noticias/agencia-saude/24993-brasil-alerta-sobre-consequencias-da-ma-nutricao-e-obesidade-infantil>. Acesso em: 26 abr. 2019.

Agência Brasil

Estudo mostra que idosos têm 3,7 vezes mais risco de desnutrição

18/08/2013 - 14h21

Fonte: Agência Brasil. Disponível em: <www.ebc.com.br/noticias/saude/2013/08/estudo-mostra-que-idosos-tem-37-vezes-mais-risco-de-desnutricao>. Acesso em: 26 abr. 2019.

Portal Brasil

SAÚDE
Saiba a importância da prevenção e controle da anemia

Alimentação saudável

Deficiência de ferro pode causar distúrbios psicológicos, diminuição da capacidade de aprendizagem, constantes infecções e até a morte

Fonte: Governo do Brasil. Disponível em: <www.brasil.gov.br/saude/2014/07/saiba-a-importancia-da-prevencao-e-controle-da-anemia>. Acesso em: 26 abr. 2019.

1. Em grupo discuta sobre os distúrbios nutricionais abordados nas manchetes. Analise novamente sua dieta alimentar e converse com os colegas e o professor sobre sua alimentação e o risco de doenças alimentares.

2. Em seguida, com ajuda do professor, selecione outras notícias que trazem os temas: obesidade (excesso de peso), desnutrição, padrões de beleza, hábitos alimentares, desperdício de alimentos e reaproveitamento integral dos alimentos. Com os demais colegas, organize um mural na escola.

Doenças causadas por má alimentação

Uma dieta pobre em nutrientes ou com excesso deles pode afetar o funcionamento do organismo, enfraquecer as defesas dele e causar doenças.

Desnutrição é a doença causada pela falta de um ou mais nutrientes. Isso pode ocorrer quando a pessoa não tem uma alimentação variada ou quando não consegue se alimentar com o mínimo necessário. Algumas doenças também podem levar a esse problema ao afetar a absorção de nutrientes pelo organismo.

Em muitos locais há desnutrição por causa da baixa renda das pessoas ou pela falta de acesso aos alimentos. A desnutrição pode causar perda muscular, enfraquecimento dos ossos e, quando ocorre na infância, pode afetar o desenvolvimento mental e físico.

Outra doença causada por deficiência nutricional é a **anemia ferropriva**. Ela atinge pessoas em todo o mundo e está associada à falta de ferro no organismo. O ferro é um nutriente essencial porque participa da formação das células do sangue e associa-se ao transporte de gás oxigênio dos pulmões para todas as células do corpo. Esse nutriente pode ser obtido por meio da ingestão de alimentos como carnes vermelhas, ovos, cereais, feijão, beterraba e hortaliças de cor verde-escura – por exemplo, agrião, rúcula, espinafre, couve e brócolis.

A ocorrência dessa doença é comum em mulheres em idade fértil, idosos, crianças e adolescentes em fase de crescimento. No entanto, qualquer pessoa que não ingerir regularmente os alimentos que contêm esse nutriente poderá desenvolvê-la.

Os principais sinais de anemia ferropriva são palidez, cansaço, falta de apetite, apatia, palpitações, taquicardia e unhas e cabelos quebradiços. Ela também pode afetar o crescimento das crianças, ocasionar dificuldades na aprendizagem e aumentar a predisposição a infecções.

Obesidade é uma doença caracterizada pelo excesso de peso corporal, causada muitas vezes pelo consumo excessivo de alimentos ricos em calorias.

▶ É importante lembrar que é essencial que todos cuidem da alimentação e pratiquem atividades físicas.

A obesidade pode causar diversas doenças, como diabetes e problemas no coração. Além disso, o excesso de peso do corpo pode prejudicar articulações, como a do joelho.

Um pouco mais sobre

Obesidade infantil

Um fato que preocupa os especialistas é o aumento do número de pessoas com **sobrepeso** e obesas na população brasileira, principalmente na infância e na adolescência.

A obesidade infantil está associada, entre outros fatores, ao aumento no consumo de alimentos industrializados ricos em sal, açúcar e gordura e pobres em outros nutrientes. Além disso, a falta de atividades físicas devido à preferência das crianças e adolescentes por assistir à televisão e usar computadores e celulares também está relacionada a esse problema.

A obesidade está relacionada ao excesso de peso, mas como saber se há excesso de peso? Para decidir se alguém está acima do peso ou não, os médicos recomendam às pessoas fazer o cálculo do IMC, que significa "índice de massa corpórea". Esse cálculo é simples, basta dividir o peso pela altura ao quadrado, que significa multiplicar a altura por ela mesma. Veja a seguir a tabela que relaciona a classificação, o IMC e o risco de doenças associadas.

Alguns exemplos de doenças são a diabetes, pressão alta, altos níveis de colesterol no sangue, problemas no coração, problemas de locomoção e de postura com agravos na coluna e articulações.

Glossário

Sobrepeso: condição na qual a pessoa está acima do peso esperado para a faixa etária e próxima de ser considerada obesa.

CLASSIFICAÇÃO DO ESTADO NUTRICIONAL

Classificação	IMC (kg/m²)	Risco de doenças
Baixo peso	<18,5	Baixo
Peso normal	18,5 a 24,9	Médio
Pré-obeso	25,0 a 29,9	Aumentado
Obesidade I	30 a 34,9	Moderado
Obesidade II	35,0 a 39,9	Grave

▶ Fonte: Organização Mundial da Saúde (OMS).

1 A Pesquisa Nacional de Saúde do Escolar (PeNSE) de 2015 avaliou o estado nutricional de estudantes brasileiros com idade entre 13 e 17 anos. Os resultados indicaram que, a cada 100 pessoas, 3 estão abaixo do peso e 24 estão acima do peso. O que você pensa a respeito desses dados? Quais devem ser as principais causas desses resultados? O que essas pessoas precisam fazer para melhorar a qualidade alimentar? E você, como está seu IMC? Calcule-o e mostre o resultado ao professor.

Atividades

1 Leia o texto a seguir, observe a imagem e responda às questões no caderno.

Comemos de tudo, mas é preciso respeitar nosso corpo

Os seres humanos fazem parte de um grupo que pode comer praticamente de tudo: tanto frutas e verduras quanto carnes.

Apesar de ter uma dieta muito variada, o organismo humano também se adaptou, isto é, ajustou-se durante muitos e muitos anos a comer certos tipos de alimento, como verduras, carnes, grãos etc.

No entanto, há algum tempo, muitas pessoas realizam mudanças em seus hábitos, deixam de comer frutas e verduras e passam a comer de maneira exagerada outros alimentos que não são saudáveis, como mostra o exemplo na imagem a seguir.

▶ Refrigerante, hambúrguer e batata frita são exemplos de alimentos que não são considerados saudáveis.

O refrigerante e o hambúrguer são alimentos feitos em geral por indústrias de grande porte. Em seu processamento, passam por diversas etapas e recebem muitos ingredientes para sua conservação ou para acentuar o sabor, a cor ou o aroma, a fim de que se tornem atraentes. Entre esses ingredientes estão sal, açúcar, óleos, gorduras e substâncias de uso exclusivamente industrial.

a) O excesso de consumo de sal, açúcar e gordura pode provocar doenças como obesidade. O que caracteriza essa doença? Que complicações ela pode causar?

b) No tratamento da obesidade, que hábitos alimentares uma pessoa deve adotar?

2 Por que a desnutrição na infância pode ser associada ao crescimento menor do que o esperado?

3 Por que não devemos consumir em excesso produtos ricos em gordura?

Chamando para o debate

Sabia que todo ser humano tem direito à alimentação?
Leia o texto para ter mais informações sobre isso.

Direito de todos

[...] Como o nome indica, direitos humanos são aqueles que todos os seres humanos possuem. Não importa a cor, o sexo, a nacionalidade, a religião da pessoa; se ela é rica ou pobre, se mora na cidade ou no campo: o Estado, a sociedade e cada um de nós deve reconhecer que ela tem, como todos os seres humanos, direito à igualdade, à dignidade, à liberdade, à vida, a expressar suas ideias e convicções e... a se alimentar bem e de forma digna!

Esses direitos estão previstos na Declaração Universal dos Direitos Humanos, assinada por várias nações em 1948, e em outros documentos criados nos anos seguintes.

[...] Como qualquer ser humano tem direito à alimentação, você pode estar pensando: basta produzir alimentos em grande quantidade para que todos possam se alimentar! Até a década de 1970 pensava-se assim. Mas logo notou-se que o principal problema não era produzir alimentos, mas fazer com que as pessoas tivessem acesso a eles.

[...]

Ciência Hoje das Crianças e Ministério da Saúde. Disponível em: <http://bvsms.saude.gov.br/bvs/folder/10006002277.pdf>. Acesso em: 26 abr. 2019.

1 O Brasil é um país produtor e exportador de alimentos. Em alguns casos, é um dos maiores produtores mundiais, como no caso da soja, do café, da laranja, do açúcar e das carnes de boi e de frango. Estima-se, no entanto, que milhões de pessoas passem fome em nosso país. Por que você acha que isso ocorre?

▶ Colheita mecanizada de soja, Chapadão do Sul, Mato Grosso do Sul, 2014.

_____
_____
_____
_____

Aproveitamento integral do alimento

Muitas vezes, ao preparar um alimento, a pessoa descarta partes dele que são ricas em nutrientes, como folhas, talos, sementes e cascas.

Observe a seguir alguns exemplos de aproveitamento de partes dos alimentos.

As folhas e os talos de beterraba podem ser consumidos de diversas formas, por exemplo, crus em saladas ou refogados em bolinhos. Ricos em sais minerais, como ferro, fósforo e potássio, eles atuam aumentando a defesa do organismo, entre outras funções.

▶ Os talos da beterraba podem ser consumidos em saladas ou refogados.

A semente de abóbora é rica em fibras e nutrientes, como proteínas. Elas podem ser consumidas cruas ou cozidas, além de compor pratos como sopas, por exemplo.

▶ Sementes de abóboras torradas são consumidas como aperitivos.

A casca do abacaxi pode ser consumida em sucos e chás, entre outras formas. Ela contém substâncias que ajudam a aliviar os sintomas de resfriados comuns, além de aumentar a produção de urina, ajudando na purificação do organismo.

▶ Com a casca do abacaxi é possível fazer suco.

Na prática

A seguir você encontra uma receita de uso integral de um alimento. Leia-a com atenção.

As imagens não estão representadas na mesma proporção.

Hambúrguer de casca de banana

Ingredientes:
- 4 cascas de bananas;
- 1 xícara de farinha de trigo;
- 1 1/2 xícara de farinha ou farelo de aveia;
- 1 cenoura;
- 1 colher de café de sal;
- alho e cebola picados;
- pimentão;
- salsa e cebolinha e outros temperos de sua preferência;
- 1/2 xícara de óleo de girassol, canola ou soja;
- 1/2 xícara de azeite de oliva.

▶ Hambúrgueres de casca de banana.

Modo de preparo

1. Coloque no liquidificador a cebola, o azeite, o óleo, os temperos e o sal.
2. Lave as cascas de banana, tire as pontas escuras e corte as cascas em cubinhos. Corte também o pimentão sem as sementes e a cenoura. Em seguida, coloque-os no liquidificador e bata por aproximadamente 2 minutos em velocidade média até a massa ficar pastosa.
3. Coloque a massa em uma tigela e, aos poucos, junte a farinha de trigo e o farelo de aveia. Amasse com um garfo e reserve.
4. Coloque uma frigideira antiaderente para aquecer em fogo médio e sem óleo. Com uma colher grande ou uma colher para sorvete coloque a massa na frigideira e, com uma espátula, aperte a massa até dar o formato de hambúrguer. Grelhe um lado da massa e depois vire o hambúrguer para grelhar o outro lado.

▶ Grelhe os hambúrgueres em uma frigideira antiaderente sem óleo.

1 Agora é sua vez. Converse com seus familiares sobre uma receita de aproveitamento integral dos alimentos. Anote-a em uma folha avulsa, traga a receita para a escola e, com os colegas, organize um caderno de receitas a ser divulgado para a comunidade escolar. Que tal preparar algumas na cantina da escola?

Atividades

1 Explique uma importante atitude que você pode ter para evitar o desperdício dos alimentos no dia a dia.

_____

_____

2 Observe a sequência de imagens a seguir. Perceba que ela está incompleta. Usando o que você aprendeu de aproveitamento integral dos alimentos, complete os dois últimos quadrinhos para dar continuidade à história. Depois escreva nas linhas abaixo explicando a sequência que você escolheu para a história.

_____

_____

_____

CAPÍTULO 4

O caminho do alimento

Como ocorre a digestão?

Para esta atividade, você precisará de biscoitos do tipo água e sal ou uma fatia de pão de fôrma, 1 copo de suco de laranja e 1 saco plástico com fecho.

Pique os biscoitos ou o pão em pedaços pequenos e coloque-os dentro do saco. Despeje o suco até preencher metade do saquinho e feche-o bem.

Observe o que ocorre com os biscoitos ou o pão.

Depois, amasse bem o saquinho durante 1 minuto.

Ilustrações: Michel Borges

1. Que transformações sofreram os biscoitos ou o pão?

2. Transformações semelhantes ocorrem no sistema digestório. Considerando o trajeto do alimento dentro de nosso corpo, você saberia dizer qual é a importância de os alimentos passarem por tais transformações?

3. O resultado do experimento seria igual se o suco não tivesse sido adicionado?

Sistema digestório

Os alimentos, ao serem ingeridos, passam por um processo de transformação dentro de nosso organismo para que os nutrientes possam ser aproveitados pelas células. Esse processo é denominado digestão e ocorre no sistema digestório.

O **sistema digestório** é constituído pelo tubo digestório, formado por boca, faringe, esôfago, estômago, intestino delgado e intestino grosso – órgãos por onde o alimento passa durante a digestão – e também por estruturas anexas, como o fígado, a vesícula biliar, as glândulas salivares e o pâncreas. As estruturas anexas produzem ou armazenam substâncias importantes para a digestão dos alimentos que são lançados no tubo digestório.

Observe o esquema a seguir e veja mais informações sobre o sistema digestório.

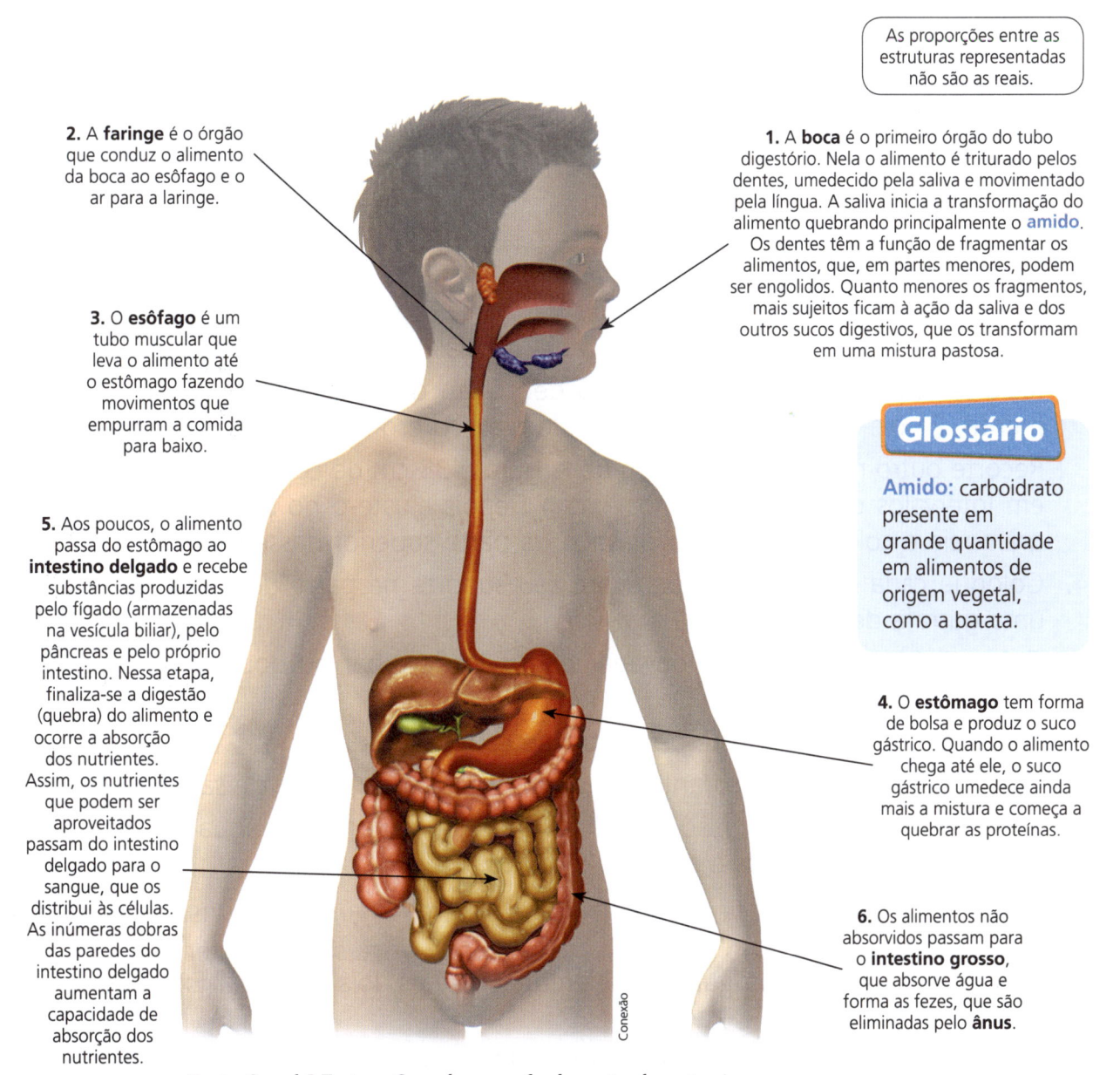

As proporções entre as estruturas representadas não são as reais.

2. A **faringe** é o órgão que conduz o alimento da boca ao esôfago e o ar para a laringe.

3. O **esôfago** é um tubo muscular que leva o alimento até o estômago fazendo movimentos que empurram a comida para baixo.

5. Aos poucos, o alimento passa do estômago ao **intestino delgado** e recebe substâncias produzidas pelo fígado (armazenadas na vesícula biliar), pelo pâncreas e pelo próprio intestino. Nessa etapa, finaliza-se a digestão (quebra) do alimento e ocorre a absorção dos nutrientes. Assim, os nutrientes que podem ser aproveitados passam do intestino delgado para o sangue, que os distribui às células. As inúmeras dobras das paredes do intestino delgado aumentam a capacidade de absorção dos nutrientes.

1. A **boca** é o primeiro órgão do tubo digestório. Nela o alimento é triturado pelos dentes, umedecido pela saliva e movimentado pela língua. A saliva inicia a transformação do alimento quebrando principalmente o amido. Os dentes têm a função de fragmentar os alimentos, que, em partes menores, podem ser engolidos. Quanto menores os fragmentos, mais sujeitos ficam à ação da saliva e dos outros sucos digestivos, que os transformam em uma mistura pastosa.

Glossário

Amido: carboidrato presente em grande quantidade em alimentos de origem vegetal, como a batata.

4. O **estômago** tem forma de bolsa e produz o suco gástrico. Quando o alimento chega até ele, o suco gástrico umedece ainda mais a mistura e começa a quebrar as proteínas.

6. Os alimentos não absorvidos passam para o **intestino grosso**, que absorve água e forma as fezes, que são eliminadas pelo **ânus**.

Fonte: Gerard J. Tortora. *Corpo humano: fundamentos de anatomia e fisiologia*. Porto Alegre: Editora Artmed, 2010.

Na prática — Experimento

O intestino tem dobras. Será que isso facilita a absorção dos nutrientes?

Material:

- 2 garrafas PET de 2 L cortadas 15 cm acima da base;
- 2 garrafas PET de 500 mL;
- 2 L de água filtrada;
- papel-filtro;
- régua;
- corante de alimentos;
- um palito ou lápis;
- grampeador.

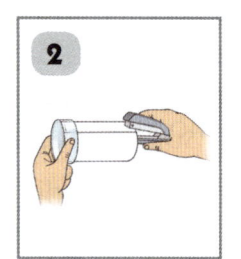

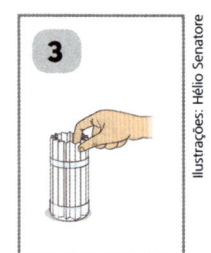

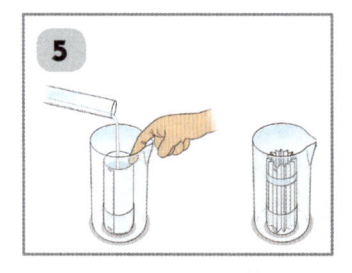

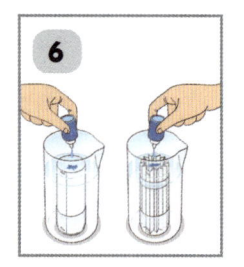

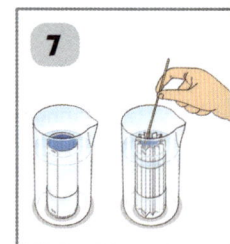

Procedimento

1. Seu professor recortará os fundos das garrafas PET de 500 mL a 2,5 cm acima da base, formando dois suportes e um anel de plástico de 1 cm de largura.
2. Recorte um retângulo de papel-filtro de 10 cm de largura e 19 cm de comprimento. Enrole-o, ajuste-o no suporte de plástico e grampeie as duas pontas.
3. Recorte outro retângulo de 10 cm de largura e 38 cm de comprimento e dobre-o em intervalos de mais ou menos 1 cm. Depois ajuste-o no suporte de plástico, grampeie e coloque o anel de plástico na parte superior desse cilindro.
4. Coloque cada cilindro de papel, com seu suporte na parte de baixo, dentro de uma garrafa de 2 L recortada.
5. Coloque água nos cilindros devagar para não derrubar ou dobrar, até chegar a 1 cm da borda deles.
6. Pingue 50 gotas de corante no centro de cada cilindro.
7. Com o palito, misture o corante nos cilindros, sem deixar que ele saia pelo fundo.
8. Observe se haverá dispersão (espalhamento) do corante na água em volta do cilindro após 15 minutos e após 30 minutos.

Agora, responda:

1. Você obteve resultados iguais ou diferentes para os dois cilindros? Explique.

2. Associando o papel-filtro ao intestino delgado, o que esse experimento mostra sobre a eficiência na absorção de nutrientes por sua membrana?

Atividades

1 Leia o texto a seguir e depois faça o que se pede.

A duração da digestão varia de um alimento para outro. Uma fruta, por exemplo, fica de 20 a 30 minutos no estômago e depois segue para o intestino delgado. Uma carne gordurosa pode levar até 5 horas para deixar o estômago. Os carboidratos são os alimentos digeridos mais rapidamente, depois vêm as proteínas e, por último, as gorduras, que são as mais demoradas.

a) Explique o que é digestão.

_____

_____

_____

b) Cite um dos fatores que aumentam o tempo de digestão de um alimento.

_____

c) Considere os alimentos expostos nas fotografias. Assinale quais você escolheria se quisesse ter uma digestão mais rápida.

2 Escreva o que se pede.

a) Intestino em que ocorre a absorção de nutrientes: _____.

b) Substância liberada na boca que inicia a digestão do amido: _____.

c) Intestino em que se formam as fezes: _____.

d) Tubo que conduz o alimento até o estômago: _____.

e) Nome do órgão em que ocorre a digestão de proteínas: _____.

f) Órgão comum aos sistemas digestório e respiratório: _____.

Hora da leitura

Você é o que você come?

Giuseppe Arcimboldo, pintor italiano que viveu no século XVI, foi o primeiro artista plástico a compor fisionomias humanas com imagens de vegetais que são usados como alimento.

1 Identifique os alimentos que você vê na imagem mostrada no quadro do artista.

_____

_____

_____

_____

_____

▶ Giuseppe Arcimboldo usava imagens de vegetais para compor figuras humanas. Giuseppe Arcimboldo. *Vertumnus*, c. 1590. Óleo sobre madeira, 70,5 cm × 57,5 cm.

2 A seguir faça uma lista dos alimentos que você costuma comer diariamente.

_____

_____

_____

3 Agora você vai experimentar a mesma técnica que Arcimboldo aplicava em suas obras. Use a criatividade e desenhe, em uma folha à parte, um autorretrato com os alimentos que você listou na atividade anterior. Em seguida, explique aos colegas o seu desenho. Após as apresentações, montem um mural com as produções de vocês.

CIÊNCIAS em ação

Coma bem, sua saúde agradece

Leia a entrevista a seguir com a nutricionista Karine Nunes Costa Durães e saiba mais um pouco sobre alimentação saudável.

Karine Durães

1. Qual é a alimentação ideal para uma vida saudável?

É importante que a criança faça de 4 a 6 refeições diárias, sendo três delas as principais. A alimentação ideal inclui frutas, verduras e legumes. É recomendável que ela faça suas refeições em companhia de pessoas de sua convivência, sem nenhum fator que a distraia, como TV, aparelho celular ou computador.

2. Que problemas nutricionais uma criança pode ter?

Se a alimentação não tiver todos os nutrientes necessários ao organismo, ela pode ter anemia ou desnutrição; já o excesso de alimentação rica em gorduras e açúcares pode causar obesidade, altos níveis de colesterol e diabetes.

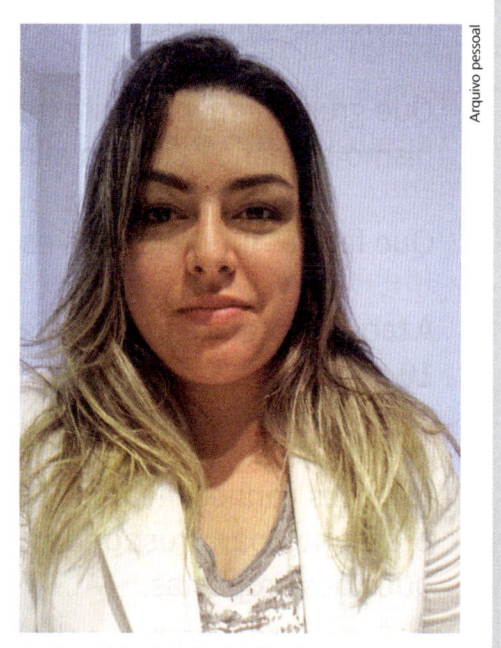

▶ A nutricionista Karine Durães é especializada em nutrição infantil.

3. Quais são os principais cuidados com a nutrição das crianças e adolescentes?

As crianças e adolescentes, por estarem em fase de desenvolvimento, precisam de alimentação que tenha quantidades suficientes de vitaminas e sais minerais. Eles também precisam consumir a quantidade necessária de proteínas que formam a estrutura do corpo, para garantir o crescimento; e a de carboidratos e gordura, para ter energia e saúde para estudar, brincar, crescer e desenvolver-se.

4. Em que um nutricionista pode ajudar as pessoas?

Atualmente, há muita informação confusa sobre como comer bem. O nutricionista pode ajudar as pessoas a montar uma rotina alimentar que inclua os alimentos necessários para manter a saúde, prevenir e até tratar muitas doenças.

5. Os compostos vitamínicos que compramos em drogarias substituem uma boa alimentação?

Nada substitui uma boa alimentação. Nenhum tipo de composto vitamínico comprado em drogarias tem todas as vitaminas, minerais, carboidratos, proteínas e gorduras de que uma pessoa necessita para cumprir suas funções diárias.

1 Quais informações da entrevista você não conhecia? Conte aos colegas.

Revendo o que aprendi

1 Pinte os termos corretos para que a frase faça sentido.

Para ter uma alimentação saudável é importante fazer poucas/várias refeições por dia de forma exagerada/moderada. Uma alimentação com excesso de nutrientes calóricos pode levar à obesidade/desnutrição.

2 Que grupo alimentar está mais associado à produção de energia no organismo humano? Cite um alimento que faz parte desse grupo.

3 Que fatores interferem na escolha alimentar de uma pessoa?

4 A tabela a seguir traz valores de gastos energéticos diários para crianças até 10 anos.

Analise os dados da tabela e use seus conhecimentos sobre o assunto para responder às questões propostas.

a) De acordo com a tabela, um menino e uma menina de 10 anos gastam, respectivamente, 72 kcal e 62 kcal por quilograma por dia. Para que usam essa energia?

b) De que maneira devem alimentar-se para obter essa energia? Como os alimentos podem contribuir para atender às necessidades do corpo humano?

c) Se uma criança de 10 anos seguir uma dieta com a ingestão de 80 kcal por quilo por dia ela poderá tornar-se obesa? Comente.

Taxas calóricas (em kcal/kg/dia) para crianças até 10 anos, segundo o sexo		
Idade (anos)	Energia (kcal/kg/dia)	
	Masculino	Feminino
1-2	104	108
2-3	104	102
3-4	99	95
4-5	95	92
5-6	92	88
6-7	88	83
7-8	83	76
8-9	77	69
9-10	72	62

Fonte: Organização Mundial da Saúde; FAO, 1985, 103; Lacerda et., 2002. In: *Manual de avaliacao nutricional e necessidade energetica de criancas e adolescentes*. Disponível em: <https://repositorio.ufba.br/ri/bitstream/ri/16778/1/manual-de-avaliacao-nutricional-e-necessidade-energetica.pdf>. Acesso em: 26 abr. 2019.

5 Considere uma criança de 5 anos que tem 1,10 m e que pesa 28 kg. Calcule o IMC dessa criança e consulte a tabela da página 80. Ela está acima do peso? Justifique sua resposta.

_____

_____

6 Nomeie os componentes do tubo digestório indicados pelas letras e cite uma característica ou função de cada um deles.

A – _____

B – _____

_____

C – _____

D – _____

E – _____

_____

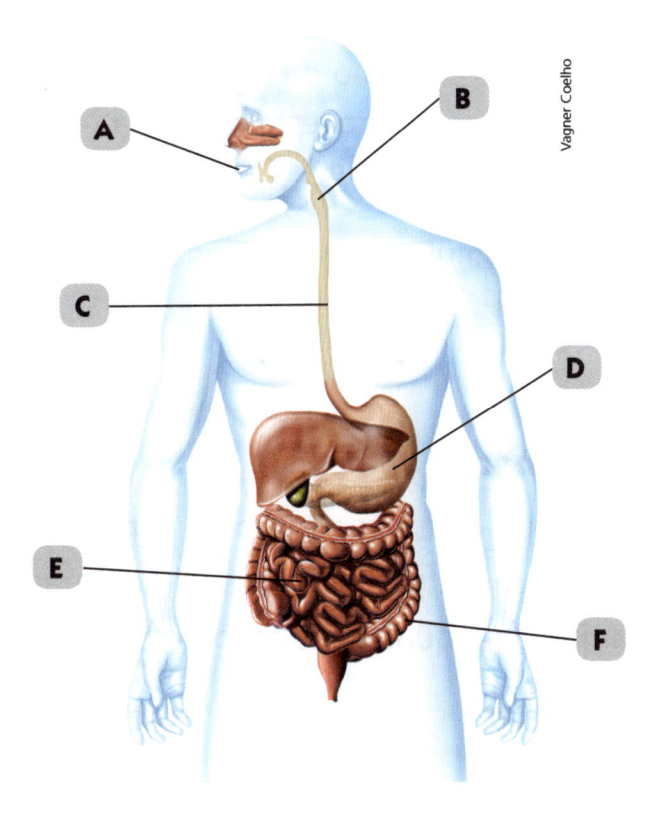

F – _____

Nesta unidade vimos

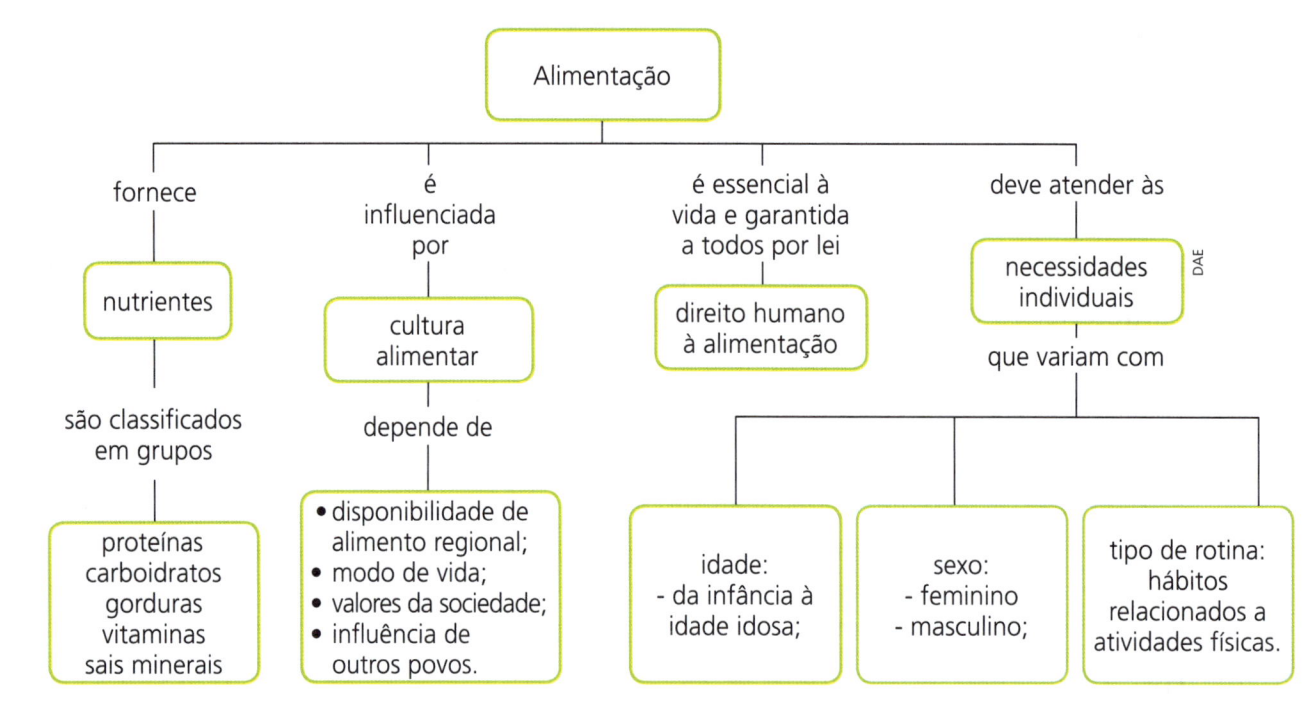

```
                        Alimentação
    ┌──────────┬─────────────┬──────────────┬──────────────┐
  fornece    é influenciada  é essencial à   deve atender às
             por             vida e garantida
                             a todos por lei
    │           │                │                │
 nutrientes  cultura         direito humano   necessidades
             alimentar       à alimentação    individuais
    │           │                             │
 são classificados  depende de                que variam com
 em grupos                                    
    │           │                   ┌──────────┼──────────┐
 proteínas   • disponibilidade   idade:       sexo:       tipo de rotina:
 carboidratos  de alimento       - da infância - feminino  hábitos
 gorduras      regional;         à idade idosa; - masculino; relacionados a
 vitaminas   • modo de vida;                              atividades físicas.
 sais minerais • valores da sociedade;
             • influência de
               outros povos.
```

- Uma alimentação saudável requer variedade, moderação e equilíbrio entre os grupos de alimentos. A pirâmide alimentar representa graficamente os grupos de alimentos e a quantidade de cada um deles que devemos consumir. Os produtos processados são práticos, porém podem prejudicar a saúde.
- Alimentos processados geralmente têm teor elevado de nutrientes como sal, açúcar e gordura. Por isso, apesar de serem práticos, devemos restringir seu consumo.
- É necessário equilíbrio entre consumo de alimentos e gasto de energia.
- A nossa alimentação é influenciada diretamente pela nossa cultura e há vários distúrbios nutricionais, quando a dieta alimentar não é adequada, como obesidade, anemia e desnutrição.
- O sistema digestório é constituído pelo tubo digestório e por estruturas anexas que atuam na digestão dos alimentos.

Para finalizar, responda:

- Por que é necessário diversificar o tipo de alimento consumido?
- Qual é a relação entre cultura e hábitos alimentares?
- Como é a organização e qual é a função do sistema digestório?

Para ir mais longe

Livros

▶ **A cantina de Dona Calabresa**, de Liana Leão. São Paulo: Cortez, 2014.

Dona Calabresa e Dona Clara são donas de cantinas – uma vende comida saudável e a outra não. Qual delas você acha que tem mais clientes?

▶ **Bruxilda e a pirâmide dos alimentos**, de Arlette Piai. São Paulo: Elementar, 2006.

O livro trata de uma situação em sala de aula que possibilita a discussão de uma dieta alimentar saudável.

Sites

▶ **Jogo da pirâmide dos alimentos**: <http://tvratimbum.cmais.com.br/jogos/jogo-da-piramide-dos-alimentos>.

▶ **Meu pratinho saudável**: <http://turmadamonica.uol.com.br/meu-pratinho/>.
Aprenda a montar um prato saudável para cada refeição. Clique nos alimentos que colocará no prato e depois veja a avaliação.

▶ **Alimentação saudável**: <http://portal.anvisa.gov.br/documents/33892/398700/alimento_saudavel_gprop_web.pdf/eab00266-86e5-449d-94b6-7f5ce57fde42?version=1.0>. Material que incentiva as crianças a fazer uma alimentação saudável.

▶ **Guia de alimentação**: <http://bvsms.saude.gov.br/bvs/publicacoes/guia_alimentar_populacao_brasileira_2ed.pdf>. *Site* que disponibiliza um guia de alimentação voltado à realidade alimentar brasileira.

▶ **A transformação dos alimentos**: <http://chc.org.br/a-transformacao-dos-alimentos>. Experimentos que mostram como ocorre a digestão dos alimentos.

Visitação

▶ **Guia de centros e museus de ciências do Brasil – 2015**. Para outros museus brasileiros, consulte: <www.casadaciencia.ufrj.br/Publicacoes/guia/Files/guiacentrosciencia2015.pdf>.

UNIDADE 3
Por dentro do corpo humano

- Você já foi a um parque de diversões? Conte como foi essa experiência.
- Que reações você percebe em seu organismo quando está brincando?
- Todas as pessoas que estão no parque estão na mesma fase de vida?

Os tons de cores e a proporção entre os tamanhos das estruturas representadas não são os reais.

Fabiana Salomão

CAPÍTULO 1

Quem é vivo respira!

Atenção na respiração

Com o professor e os colegas, dirija-se ao pátio da escola para uma brincadeira em que vocês pratiquem alguma atividade física, por exemplo, **pular corda** ou **pega-pega**.

Antes da brincadeira, sente-se em dupla com um colega e siga o procedimento.

1. Feche os olhos e sinta sua respiração.
2. Coloque a mão no peito, inspire e expire profundamente, enquanto seu colega o observa. Em seguida é a vez de o colega inspirar profundamente com a mão no peito e você observá-lo. Depois que os dois inspiraram e expiraram, conversem sobre o que observaram.
3. Levante-se e faça a atividade física com a orientação do professor.
4. Depois de alguns minutos se movimentando, sente-se e observe o que aconteceu com sua respiração. Aguarde o colega verificar o que aconteceu com a respiração dele e conversem novamente sobre as impressões que vocês tiveram.

Agora responda.

1 Você observou sua respiração e a de seu colega quando vocês estavam em repouso e após se movimentarem intensamente. Houve alguma alteração na respiração de vocês quando compararam esses dois momentos?

2 Se houve alteração, você sabe explicar por que isso ocorreu?

Na prática

Com certos materiais comuns é possível simular os movimentos que ocorrem em alguns órgãos internos do nosso corpo quando respiramos. Vamos ver como isso acontece?

Material:

- 1 garrafa PET de 600 mL com tampa;
- 1 canudo plástico grosso;
- 2 balões de festa;
- fita adesiva;
- massa de modelar;
- tesoura sem ponta.

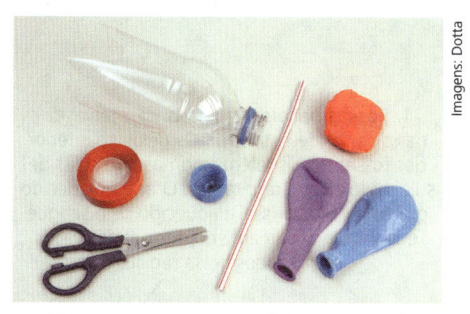

▶ Objetos usados no modelo que simula os órgãos internos envolvidos nos movimentos respiratórios.

Procedimento

1. O professor cortará o fundo da garrafa e fará um pequeno furo na tampa.
2. Com a fita adesiva, prenda um dos balões na extremidade do canudo e, pela outra extremidade, passe-o pelo buraco feito na tampa da garrafa.
3. Coloque massa de modelar por fora da tampa da garrafa, em torno do canudo, para que não entre ar, a não ser por meio do canudo.
4. Corte e retire o bocal do outro balão. Prenda o balão no fundo da garrafa com fita adesiva.
5. Puxe o balão do fundo da garrafa para baixo e, em seguida, solte-o suavemente.

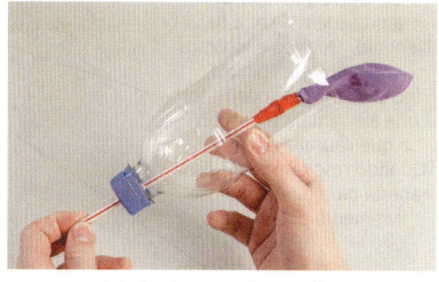

▶ Extremidade do canudo sendo inserida no buraco da tampa.

Com base nos resultados da atividade, responda às questões.

1. Ao puxar o balão do fundo da garrafa, o que acontece com o outro balão que está dentro dela?

2. Como você associa o movimento do balão de dentro da garrafa com os movimentos respiratórios?

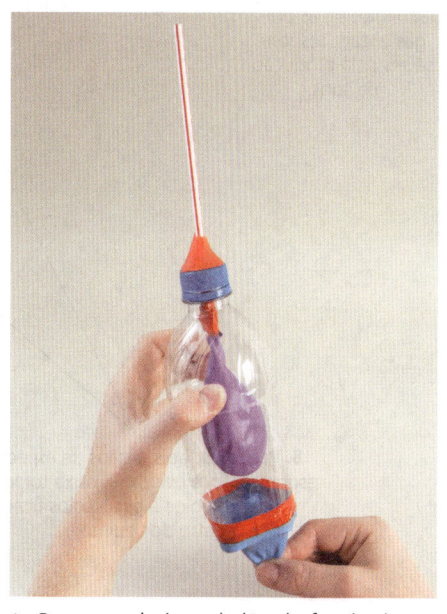

▶ Puxe para baixo o balão do fundo da garrafa.

Como ocorre a respiração

Na atividade de abertura do capítulo, você prestou atenção ao processo de respiração de seu organismo. Na atividade prática, você simulou os movimentos respiratórios de entrada e saída do ar no organismo.

Agora acompanhe como a respiração ocorre no interior de nosso corpo. Para isso, observe no esquema a seguir a representação de como o sistema respiratório está organizado e qual é a função dos órgãos que o compõem.

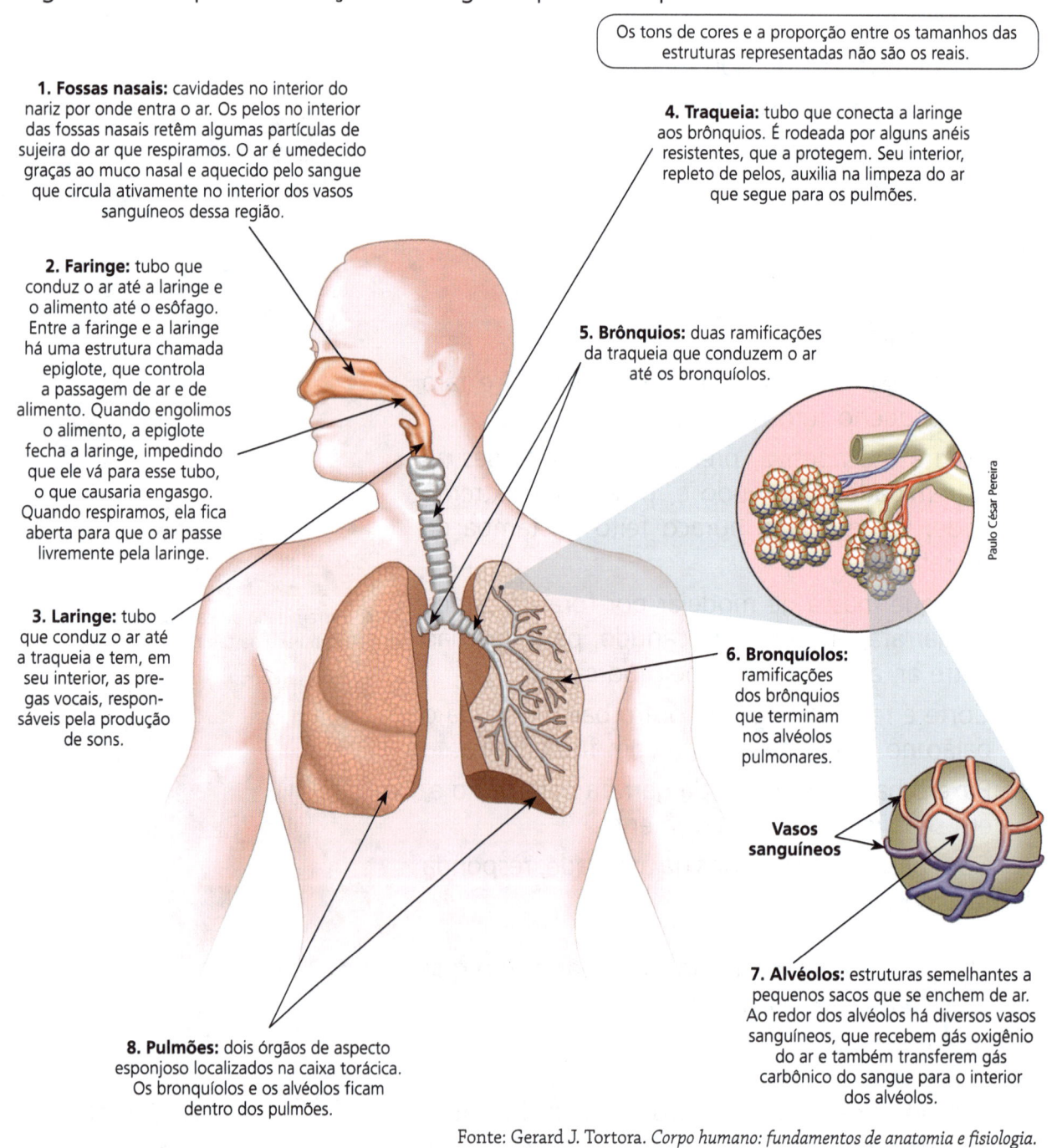

Os tons de cores e a proporção entre os tamanhos das estruturas representadas não são os reais.

1. Fossas nasais: cavidades no interior do nariz por onde entra o ar. Os pelos no interior das fossas nasais retêm algumas partículas de sujeira do ar que respiramos. O ar é umedecido graças ao muco nasal e aquecido pelo sangue que circula ativamente no interior dos vasos sanguíneos dessa região.

2. Faringe: tubo que conduz o ar até a laringe e o alimento até o esôfago. Entre a faringe e a laringe há uma estrutura chamada epiglote, que controla a passagem de ar e de alimento. Quando engolimos o alimento, a epiglote fecha a laringe, impedindo que ele vá para esse tubo, o que causaria engasgo. Quando respiramos, ela fica aberta para que o ar passe livremente pela laringe.

3. Laringe: tubo que conduz o ar até a traqueia e tem, em seu interior, as pregas vocais, responsáveis pela produção de sons.

4. Traqueia: tubo que conecta a laringe aos brônquios. É rodeada por alguns anéis resistentes, que a protegem. Seu interior, repleto de pelos, auxilia na limpeza do ar que segue para os pulmões.

5. Brônquios: duas ramificações da traqueia que conduzem o ar até os bronquíolos.

6. Bronquíolos: ramificações dos brônquios que terminam nos alvéolos pulmonares.

Vasos sanguíneos

7. Alvéolos: estruturas semelhantes a pequenos sacos que se enchem de ar. Ao redor dos alvéolos há diversos vasos sanguíneos, que recebem gás oxigênio do ar e também transferem gás carbônico do sangue para o interior dos alvéolos.

8. Pulmões: dois órgãos de aspecto esponjoso localizados na caixa torácica. Os bronquíolos e os alvéolos ficam dentro dos pulmões.

Fonte: Gerard J. Tortora. *Corpo humano: fundamentos de anatomia e fisiologia.* Porto Alegre: Artmed, 2010.

▶ Esquema que representa as regiões do corpo humano envolvidas na respiração.

Por que respiramos?

Assim como a digestão, que você estudou na unidade anterior, a respiração também é essencial para que a energia dos nutrientes seja liberada para o corpo.

Nos pulmões, o gás oxigênio do ar passa para o sangue, que tem a função de distribuí-lo para as **células** de todo o corpo.

Nas células, a glicose (tipo de nutriente) e o oxigênio recebidos são transformados em gás carbônico (um resíduo) e água, e nessa transformação ocorre a liberação de energia.

O gás carbônico é expelido pelas células, levado pelo sangue até os pulmões e, por fim, eliminado do corpo.

Glossário

Célula: estrutura muito pequena – a maioria não pode ser vista a olho nu – que compõe os seres vivos. Ela tem várias funções, entre elas participar da transformação dos nutrientes em energia para a manutenção da vida.

Os mecanismos de inspiração (entrada de ar no organismo) e expiração (saída de ar do organismo) dependem, principalmente, da ação dos músculos localizados entre as costelas e do diafragma, músculo que fica logo abaixo dos pulmões e separa o tórax do abdome.

Na **inspiração**, o ar entra pelo nariz e chega aos pulmões, preenchendo-os. O diafragma se contrai e se move para baixo, e os músculos localizados entre as costelas movem-nas para cima. Graças a esses movimentos, a caixa torácica, conjunto formado pelos ossos que protegem os pulmões, fica maior e os pulmões se enchem de ar.

Na **expiração**, o diafragma relaxa, movendo-se para cima, e as costelas são abaixadas pelos músculos localizados entre elas. Dessa forma, a caixa torácica fica menor, o que leva os pulmões a se esvaziar.

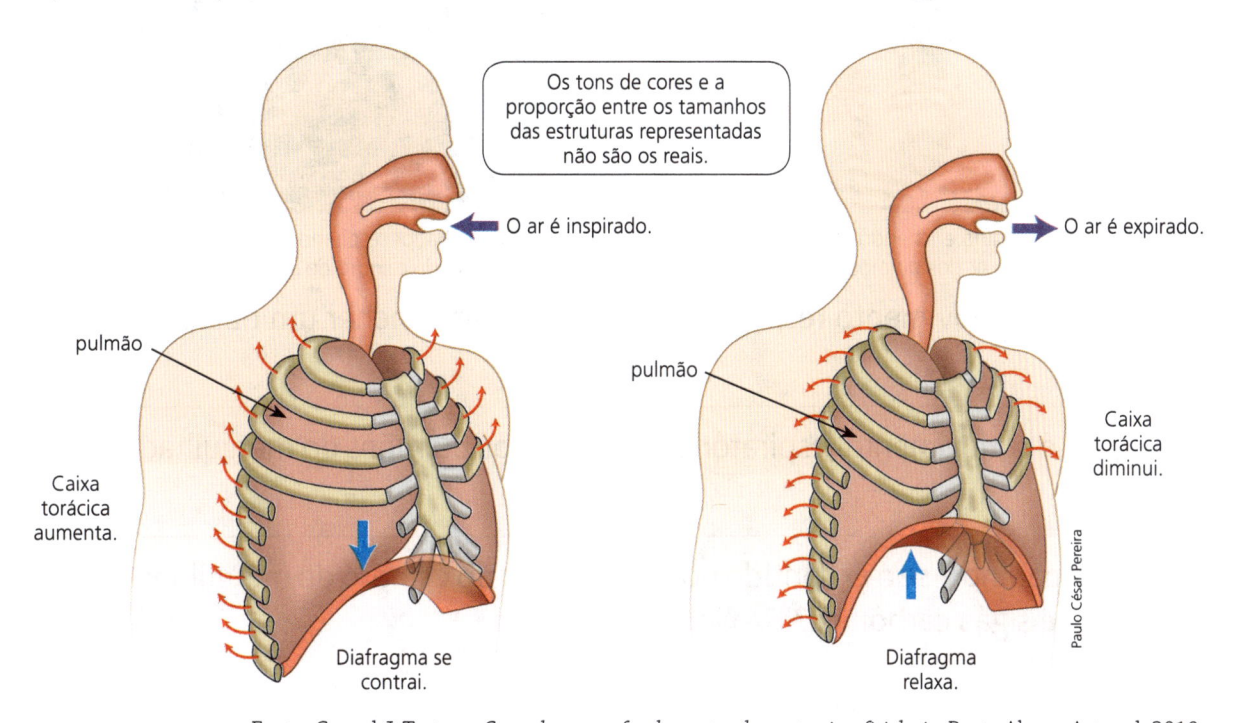

Os tons de cores e a proporção entre os tamanhos das estruturas representadas não são os reais.

← O ar é inspirado.

→ O ar é expirado.

pulmão

Caixa torácica aumenta.

Diafragma se contrai.

pulmão

Caixa torácica diminui.

Diafragma relaxa.

Paulo César Pereira

Fonte: Gerard J. Tortora. *Corpo humano: fundamentos de anatomia e fisiologia*. Porto Alegre: Artmed, 2010.

▶ Esquema que mostra, à esquerda, o movimento de inspiração e, à direita, o movimento de expiração.

Atividades

1 Escreva na ordem correta a trajetória do ar no corpo humano ao passar pelo sistema respiratório.

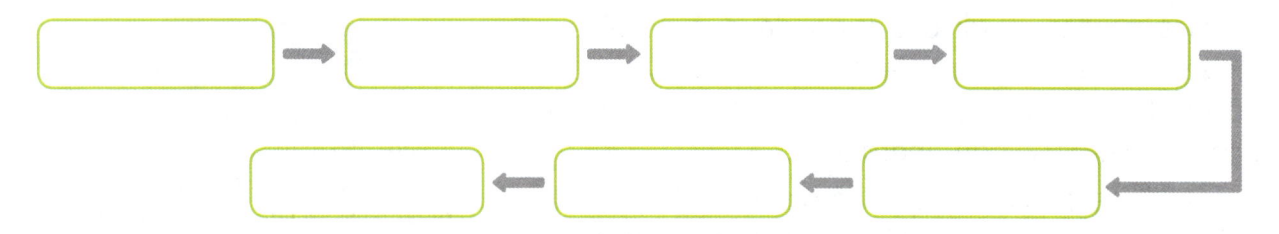

☐ → ☐ → ☐ → ☐

☐ ← ☐ ← ☐ ←

2 Por que inspiramos e expiramos o tempo todo?

_____
_____
_____
_____

3 Observe as duas imagens e responda às questões.

As imagens não estão representadas na mesma proporção.

▶ Menina enchendo balão de festa com ar dos pulmões.

▶ Mergulhador respirando oxigênio retirado do cilindro de ar comprimido.

a) Qual é o movimento respiratório que possibilita encher um balão de ar?

_____

b) Qual é o movimento respiratório que enche os pulmões do mergulhador de ar?

_____

c) Comparando-se o ar contido no balão com o do cilindro do mergulhador, onde há mais gás carbônico? Explique.

_____
_____

4 A professora pediu a cada aluno que falasse sobre um dos movimentos da respiração. Complete as falas das crianças para que fiquem corretas.

Os tons de cores e a proporção entre os tamanhos dos elementos representados não são os reais.

Na inspiração o diafragma se _____ e a caixa torácica _____ de volume.

E na expiração o diafragma _____ e a caixa torácica _____ de volume.

▶ Alunos comentam com a professora os movimentos da respiração.

5 Por que é mais adequado inspirar pelo nariz do que pela boca?

_____

_____

_____

6 O diafragma, músculo que participa da respiração, também é responsável pelo soluço. Isso acontece quando ele se contrai involuntariamente e provoca o fechamento súbito da **glote**, gerando o barulhinho "hic-hic", típico do soluço. E sabe quando o soluço ocorre? Quando comemos muito rápido, ingerimos muita bebida gaseificada ou respiramos de modo descontrolado depois de rirmos muito ou chorarmos compulsivamente, por exemplo.

Glossário

Glote: abertura entre as pregas vocais, localizada dentro da laringe.

a) O que é soluço e quais são suas principais causas?

_____

_____

b) Você já teve soluço? O que fez para que ele parasse? Conte aos colegas.

103

CAPÍTULO 2
Circulação do sangue e excreção

Atividade física

> Vamos apostar corrida?

> Puxa, como você suou!

> É mesmo! Preciso beber água para me hidratar novamente.

Marcos de Mello

1. Você já vivenciou uma situação como essa da história?

2. Quando se pratica uma atividade que exige esforço – como andar de bicicleta –, a respiração e os batimentos do coração ficam mais rápidos. Você sabe o motivo dessas alterações no corpo humano?

3. Você já percebeu outras alterações em seu organismo quando praticou uma atividade física? Quais?

4. De onde as pessoas obtêm energia para fazer atividades?

Sangue: funções e componentes

Na história em quadrinhos da página anterior, provavelmente o ritmo respiratório e os batimentos cardíacos da personagem aumentaram. Quando fazemos uma atividade física, percebemos que o coração bate mais rápido e, às vezes, o rosto fica mais vermelho. Esses são sinais de que a velocidade da circulação do sangue aumentou, pois o organismo precisa de mais energia para realizar a atividade física.

Mas qual é a relação entre a circulação do sangue e a obtenção de energia?

O sangue leva o gás oxigênio do ar que respiramos e os nutrientes dos alimentos que comemos para as células de todo o organismo. Nas células, o oxigênio e os nutrientes são usados para a liberação de energia.

O sangue é um líquido vermelho que circula por todo o corpo. A maior parte dele é constituída pelo plasma, que é a parte líquida. No plasma, ficam imersas as células do sangue – as hemácias (ou glóbulos vermelhos) e os leucócitos (ou glóbulos brancos) – e as plaquetas, que são fragmentos de células.

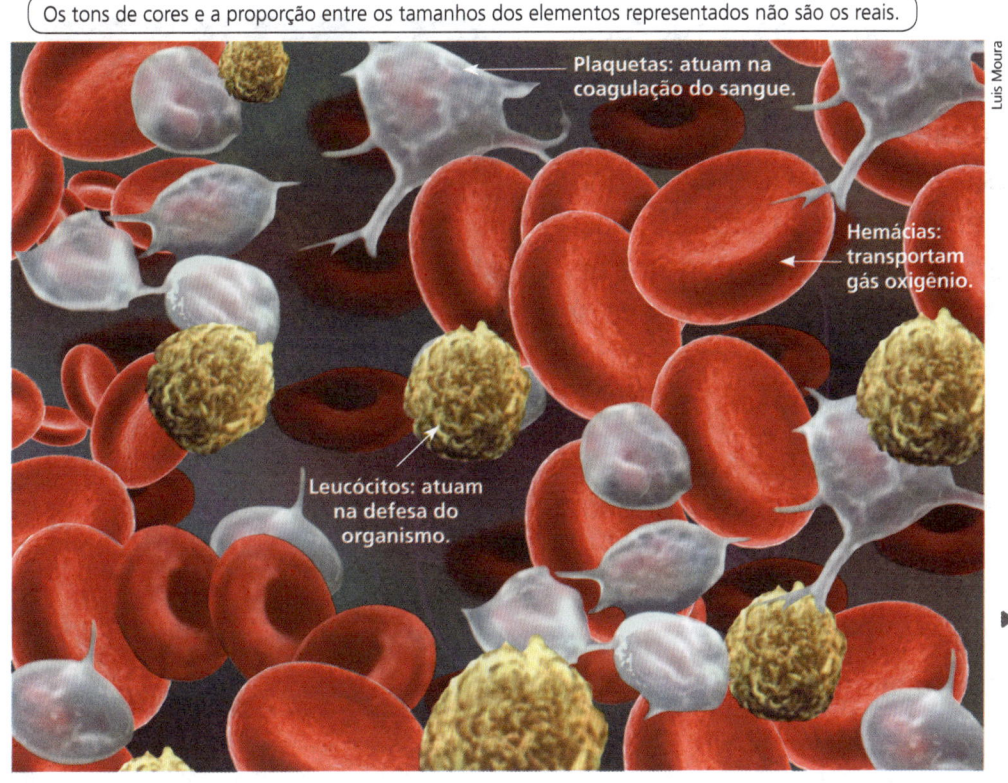

Os tons de cores e a proporção entre os tamanhos dos elementos representados não são os reais.

Plaquetas: atuam na coagulação do sangue.

Hemácias: transportam gás oxigênio.

Leucócitos: atuam na defesa do organismo.

Luís Moura

▶ Representação de alguns dos elementos que compõem o sangue: hemácias, leucócitos e plaquetas.

Além de ajudar na distribuição de gás oxigênio e de nutrientes para as células do corpo, o sangue atua na defesa do organismo. Os leucócitos o defendem contra agentes causadores de doenças, como bactérias e vírus, ou substâncias tóxicas, como venenos de animais peçonhentos.

Já as plaquetas são responsáveis pela coagulação do sangue, ou seja, pela formação daquela casquinha sobre o machucado que impede que ele continue sangrando.

Atividades

1. Considerando os sistemas digestório e respiratório, qual é a função do sangue?

2. Identifique quais componentes do sangue entram em ação em cada situação a seguir. Justifique as respostas.

   a) Pedro caiu durante o recreio e machucou o joelho. Apesar de ter sangrado muito, com o passar do tempo o sangramento parou completamente.

   b) Maria, ao se esquecer de lavar as mãos antes de comer, foi contaminada por bactérias, que logo foram combatidas pelo organismo.

   c) Quando Mauro joga futebol, suas células requerem mais gás oxigênio do que quando ele está em repouso e sua circulação sanguínea fica mais intensa.

3. Leia o texto a seguir e faça o que se pede.

   Você já viu na TV ou em postos de saúde alguma campanha de doação de sangue?

   O sangue doado é colocado em bolsas específicas e guardado. Quando há uma cirurgia de emergência ou ocorre um acidente, o paciente ou a vítima pode perder muito sangue. Para que essa pessoa se recupere rapidamente, é necessário que ela receba esse sangue doado para repor o que foi perdido.

   Para doar sangue, é necessário ter entre 16 e 68 anos e estar com boa saúde. Homens devem ter mais de 55 quilogramas, e mulheres, mais de 50, e a pessoa deve estar bem alimentada.

   Doar sangue é um ato de amor. É fundamental que todos conheçam melhor essa ação e ajudem a divulgar sua importância.

   ▶ Cartaz de campanha do Ministério da Saúde para doação de sangue, 2013.

   a) Explique a importância da doação de sangue.

   b) Em dupla, elabore com o colega um cartaz explicativo das condições para a doação de sangue e o exponha para a turma.

Sistema cardiovascular

O sistema cardiovascular é formado pelo coração e pelos vasos sanguíneos. Ele tem a função de distribuir o sangue pelo organismo.

O **coração** é formado por tecido muscular e está localizado dentro da caixa torácica. Ele se contrai e relaxa continuamente para manter o sangue em circulação pelo corpo. Em uma pessoa adulta, o coração contrai-se de 60 a 80 vezes por minuto.

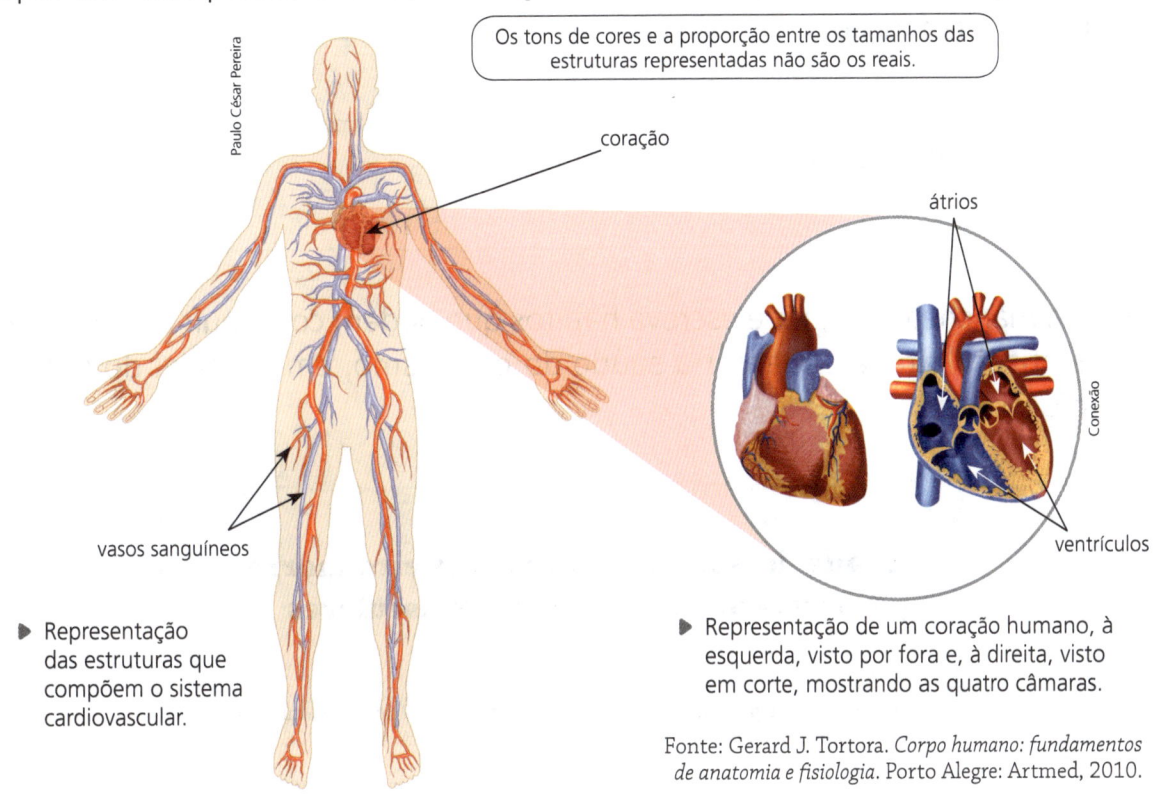

Os tons de cores e a proporção entre os tamanhos das estruturas representadas não são os reais.

▶ Representação das estruturas que compõem o sistema cardiovascular.

▶ Representação de um coração humano, à esquerda, visto por fora e, à direita, visto em corte, mostrando as quatro câmaras.

Fonte: Gerard J. Tortora. *Corpo humano: fundamentos de anatomia e fisiologia*. Porto Alegre: Artmed, 2010.

O coração humano tem quatro **câmaras**. As duas superiores são denominadas **átrios**, e as duas inferiores, **ventrículos**. Os lados direito e esquerdo do coração não têm comunicação entre si. Essa conformação impede que o sangue com maior concentração de gás carbônico, que retorna do corpo, misture-se com o sangue com maior concentração de gás oxigênio, que sai dos pulmões e chega no lado esquerdo do coração.

Os principais **vasos sanguíneos** são as artérias, as veias e os capilares. **Artérias** são vasos com paredes grossas. Elas levam o sangue do coração para as outras partes do corpo. **Veias** são vasos com paredes mais finas, pois a espessura da camada de musculatura que as forma é menor que a das artérias. Elas levam o sangue das outras partes do corpo para o coração. **Capilares** são vasos muito finos e delicados, que possibilitam a troca de materiais entre o sangue e as células do corpo.

Quando há excesso de gordura no sangue, ela pode se acumular no interior dos vasos sanguíneos e dificultar ou impedir a circulação do sangue. Essa é uma das causas da hipertensão arterial, ou seja, da pressão alta, que pode causar sérios problemas ao organismo, juntamente com o tabagismo e o excesso de consumo de sal. Por isso, a prática de atividade física aliada à boa alimentação ajudam a manter a saúde do sistema cardiovascular.

Atividades

1. Com relação ao coração humano, responda às questões.

    a) Onde ele se localiza?

    _____

    b) Qual é sua função?

    _____

    c) Como ele funciona?

    _____

2. Leia a manchete a seguir e escreva hábitos que podem contribuir para diminuir a estatística citada e manter a saúde do organismo, em especial do sistema cardiovascular.

    A cada dois minutos um brasileiro morre por causa de doenças cardiovasculares

    Hélio Senatore

    Disponível em: <https://coracaoalerta.com.br/fique-alerta/cada-dois-minutos-um-brasileiro-morre-por-causa-de-doencas-cardiovasculares>. Acesso em: 26 abr. 2019.

    _____

    _____

    _____

3. Os sistemas do corpo humano podem ser estudados separadamente, mas funcionam de maneira conjunta. Explique em um parágrafo a relação de dependência entre os sistemas digestório, respiratório e cardiovascular.

    _____

    _____

    _____

    _____

4 Complete o esquema com as palavras que faltam.

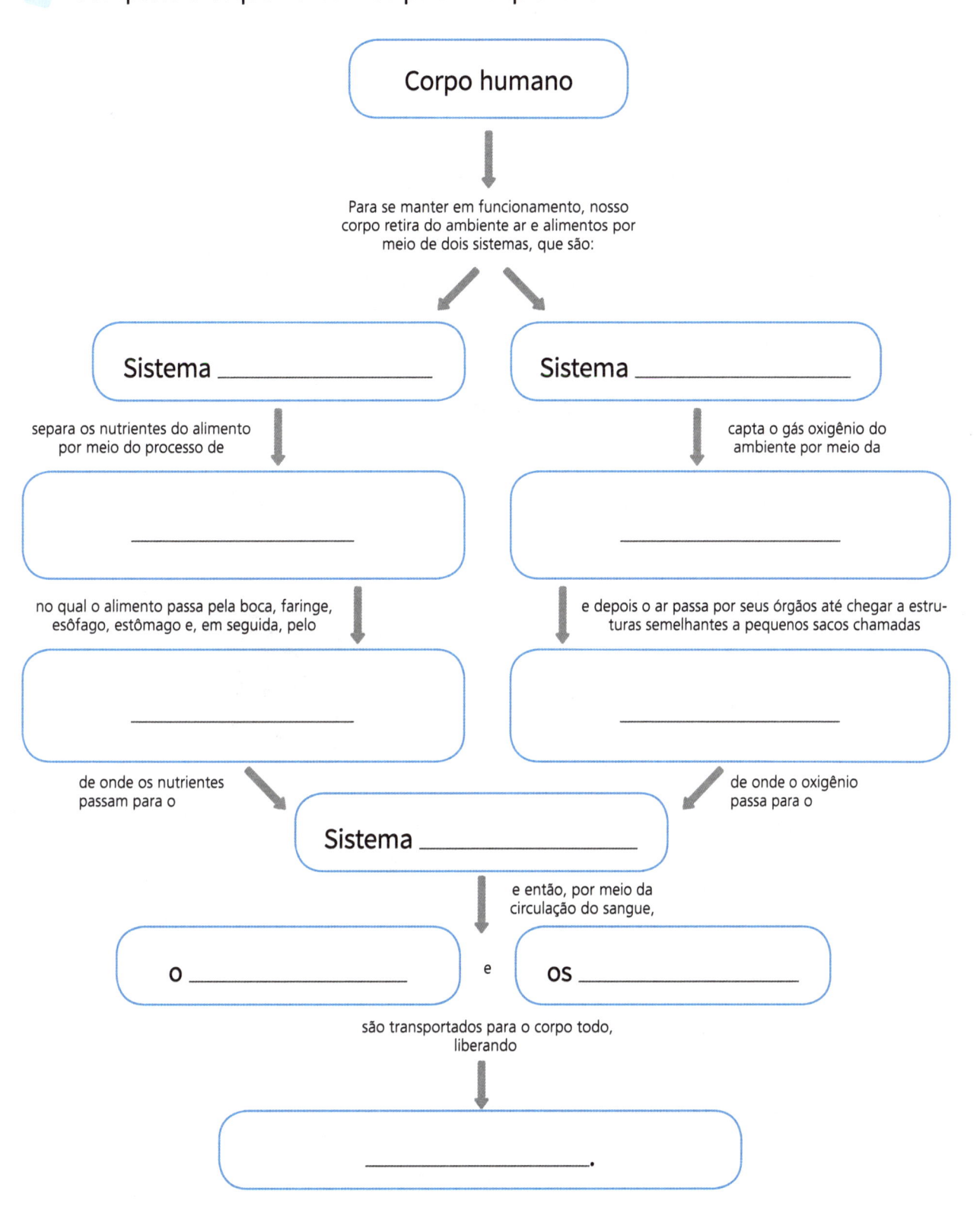

```
                        Corpo humano
                             ↓
          Para se manter em funcionamento, nosso
          corpo retira do ambiente ar e alimentos por
               meio de dois sistemas, que são:
                         ↙        ↘
```

Sistema _____   Sistema _____

separa os nutrientes do alimento   capta o gás oxigênio do
por meio do processo de   ambiente por meio da

(_____)   (_____)

no qual o alimento passa pela boca, faringe,   e depois o ar passa por seus órgãos até chegar a estru-
esôfago, estômago e, em seguida, pelo   turas semelhantes a pequenos sacos chamadas

(_____)   (_____)

de onde os nutrientes   de onde o oxigênio
passam para o   passa para o

                    Sistema _____

                    e então, por meio da
                    circulação do sangue,

        (o _____)   e   (os _____)

                    são transportados para o corpo todo,
                                liberando

                    (_____ .)

5 Quando realizamos atividades físicas, o ritmo respiratório e os batimentos cardíacos aumentam. A face de pessoas com pele mais clara tende a ficar avermelhada. Explique por que isso acontece.

109

Um pouco mais sobre

Coração artificial

Há pessoas que sofrem de insuficiência cardíaca, ou seja, o coração deixa de bombear a quantidade de sangue de que o corpo precisa. Se o coração não funciona direito, todos os órgãos sofrem com a falta de oxigenação e eventualmente param de funcionar também. O que pode salvar as pessoas com insuficiência cardíaca grave é o transplante de coração: esse órgão precisa ser trocado pelo de um doador compatível.

Há poucos doadores de órgãos no Brasil e no mundo, e a fila de pessoas que necessitam de órgãos é muito grande. No caso do transplante de coração, os cientistas desenvolveram um coração artificial: um aparelho que substitui as funções de algumas partes do coração. Há vários modelos com diferentes mecanismos de funcionamento. Alguns são implantados no corpo da pessoa, outros são mantidos externamente. Os modelos mais comuns substituem as funções dos ventrículos, que são as duas câmaras inferiores do coração. O paciente pode se beneficiar do coração artificial se um ou ambos ventrículos não funcionarem em decorrência de insuficiência cardíaca em estágio final. No entanto, no Brasil, o uso desses dispositivos ainda é pequeno, por causa do alto custo do equipamento.

O coração artificial é implantado nas seguintes situações: para aumentar o tempo de sobrevida de um paciente na fila de espera do transplante, no período em que o coração do paciente tem chances de se recuperar do quadro de insuficiência ou em pacientes com idade avançada que não teriam condições de passar por um transplante. O coração artificial, portanto, aumenta o tempo de vida do paciente.

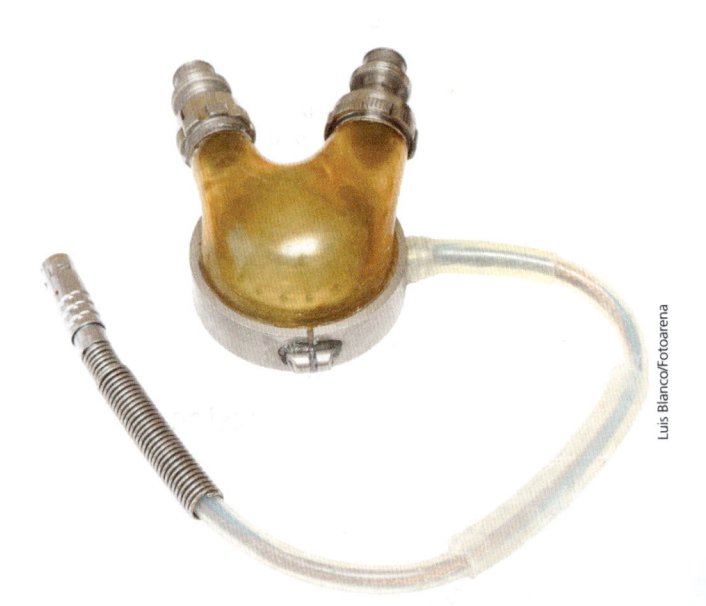

▶ O coração artificial substitui as funções de algumas partes do coração.

1. Qual é a função do coração artificial?

2. De acordo com o texto, qual é a vantagem do coração artificial?

3. Você já ouviu falar em transplante de outros órgãos, além do coração? Pesquise o assunto, registre as informações em uma folha avulsa e traga-a para discuti-las com os colegas e o professor.

Chamando para o debate

Os danos do cigarro no organismo

Entre os problemas de saúde pública, ou seja, que atingem muitas pessoas e afetam a sociedade, estão os relacionados ao cigarro. Várias doenças e mortes prematuras em todo o mundo estão associadas ao hábito de fumar.

Quando as pessoas fumam, substâncias tóxicas do cigarro entram no organismo pelo sistema respiratório e atingem o sangue.

Essas substâncias atacam vários órgãos do corpo, mais especificamente os órgãos dos sistemas respiratório e cardiovascular.

Fumar não faz mal somente para a pessoa que fuma. Os indivíduos não fumantes que convivem com fumantes em ambientes fechados também sofrem os efeitos nocivos do cigarro.

▶ Cartaz de campanha nacional sobre a Lei Antifumo: ambientes livres de tabaco – 2014.

Em vários estados brasileiros há leis que proíbem as pessoas de fumar em locais públicos fechados, como lojas, restaurantes, ônibus, escolas etc.

1. Converse com os colegas sobre as questões a seguir.
    a) Você convive com fumantes? Se sim, quem são eles? Eles fumam em sua presença?
    b) Qual é sua opinião sobre as leis estaduais que proíbem o fumo em locais fechados?

2. Pesquise os malefícios do cigarro para o funcionamento dos sistemas respiratório e cardiovascular. Procure saber também se ele causa problemas a outras estruturas do organismo, que estruturas são essas e quais são os problemas. Verifique se a capacidade de perceber diferentes cheiros e aromas pode ser prejudicada em pessoas fumantes ou se isso é um mito.

    Anote os resultados da pesquisa e apresente-os aos colegas.

3. Converse com os colegas, sobre o que você diria para uma pessoa de sua convivência que seja fumante.

Excreção

A atividade das células de nosso corpo produz substâncias que, se acumuladas no organismo, podem ser tóxicas, ou seja, podem fazer mal para a saúde.

Esses resíduos são eliminados do corpo pelo processo chamado de **excreção**, realizado pelo sistema urinário. A excreção, portanto, consiste na eliminação de substâncias que resultam do trabalho das células.

Daniel tomou muito suco antes de dormir. O que pode acontecer com ele durante a noite?

1. Complete a história desenhando um final para ela.

2. Elabore uma legenda para o quadrinho que você desenhou.
   _____

3. O que acontece quando a pessoa toma muito líquido?
   _____

4. Você sabe o que é urina?
   _____
   _____

A principal forma de excreção humana é a urina, cuja quantidade eliminada diariamente pelo ser humano é, em média, de 1 a 2 litros, mas pode variar dependendo da quantidade de líquidos que são ingeridos e do funcionamento de cada organismo. Por isso, provavelmente, o personagem da história em quadrinhos da página anterior produziu mais urina durante a noite, após beber muito suco antes de dormir. Os órgãos responsáveis pela formação e eliminação da urina fazem parte do **sistema urinário**.

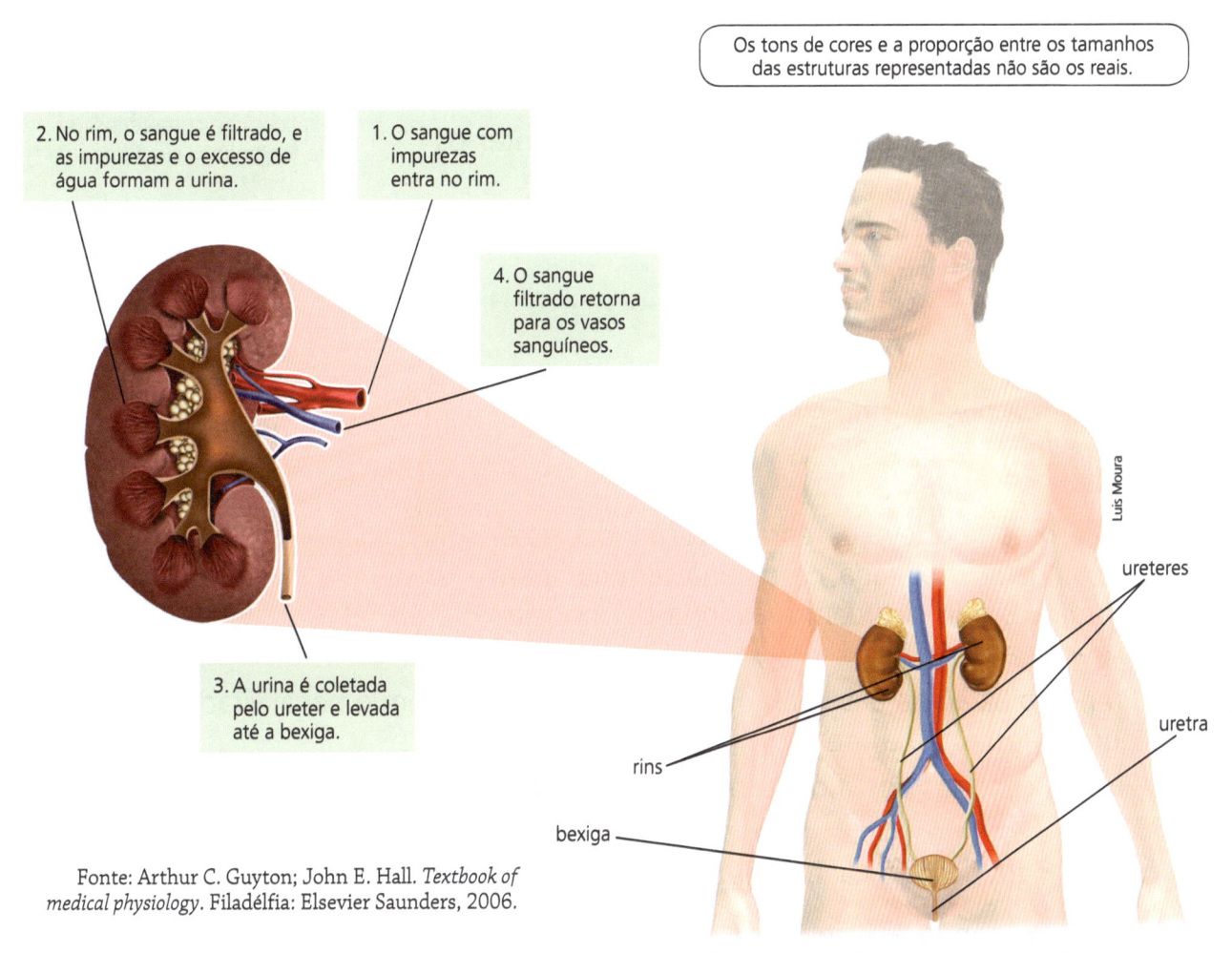

Os tons de cores e a proporção entre os tamanhos das estruturas representadas não são os reais.

2. No rim, o sangue é filtrado, e as impurezas e o excesso de água formam a urina.

1. O sangue com impurezas entra no rim.

4. O sangue filtrado retorna para os vasos sanguíneos.

3. A urina é coletada pelo ureter e levada até a bexiga.

Fonte: Arthur C. Guyton; John E. Hall. *Textbook of medical physiology*. Filadélfia: Elsevier Saunders, 2006.

ureteres

uretra

rins

bexiga

Fonte: Gerard J. Tortora. *Corpo humano: fundamentos de anatomia e fisiologia*. Porto Alegre: Artmed, 2010.

▶ Representação dos órgãos que formam o sistema urinário. Em detalhe, esquema de um rim em corte.

O sangue, além de levar gás oxigênio e nutrientes às células do corpo, recebe os resíduos delas e os transporta até os rins. Nos rins, os resíduos a serem eliminados e a água são filtrados do sangue e, misturados, formam a urina.

Os ureteres levam a urina até a bexiga, onde ela fica armazenada. Quando a bexiga fica cheia, a pessoa sente vontade de urinar. A urina sai da bexiga para o meio externo pela uretra. Beber muita água facilita a filtração dos resíduos e toxinas do organismo pelos rins. Nesse caso, a coloração da urina tende a ser mais clara. Quando a urina está com uma coloração amarelo-escura, pode ser um indicativo de desidratação e maior acúmulo de resíduos e toxinas.

Na prática

Vamos montar um **modelo** que representa algumas estruturas do sistema urinário.

Material:

- massa de modelar de cor marrom (para representar os rins);
- 2 canudos plásticos flexíveis (para representar os ureteres);
- 1 balão de festa (para representar a bexiga);
- base de madeira ou papelão;
- fita adesiva;
- etiquetas adesivas;
- canetas hidrocor de cores variadas.

Glossário

Modelo: representação em escala reduzida de sistemas, órgãos ou estruturas que possibilitam de modo limitado a descrição, explicação e compreensão de fenômenos científicos.

▶ Alguns dos objetos usados para a construção do modelo de sistema urinário.

Procedimento

1. Use como modelo a representação do sistema urinário mostrada na página anterior para moldar os dois rins com massinha de modelar. Fixe-os na base.
2. Prenda o balão na base, um pouco abaixo dos rins, com o bocal virado para baixo, que representará a uretra.
3. Fixe os canudos aos moldes dos rins. Se necessário, cole-os com fita adesiva.
4. Com as canetas hidrocor, escreva legendas nas etiquetas adesivas e cole-as na base, identificando cada estrutura do sistema urinário representada.

Agora responda às questões.

1 Há alguma semelhança entre o balão do modelo e a bexiga urinária? Se sim, qual?

_____

2 O modelo construído não é uma réplica fiel do sistema urinário. Quais limitações você encontraria nele para explicar o processo de excreção?

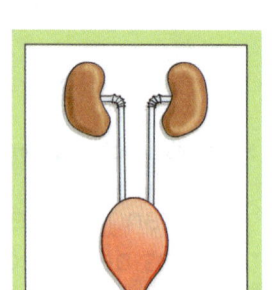

▶ Modelo de sistema urinário.

_____

_____

Atividades

1 Relacione os principais componentes do sistema urinário à função deles.

1 ureteres ☐ Recebe e armazena a urina.

2 bexiga ☐ Canais que conduzem a urina até a bexiga.

3 rins ☐ Canal pelo qual a urina é eliminada do organismo.

4 uretra ☐ Órgãos onde o sangue é filtrado e se forma a urina.

2 Qual é a relação entre o sangue e o sistema urinário?

3 Complete o esquema a seguir, sobre o funcionamento integrado de sistemas de nosso corpo.

Sistema _____

Sistema _____

Retira do ambiente o gás oxigênio que é transmitido para todo o corpo pelo

Transporta o gás carbônico a ser eliminado do corpo para o

Obtém do ambiente os nutrientes que serão distribuídos a todas as células do corpo pelo

Sistema _____

Faz o sangue circular pelo corpo todo transportando nutrientes e gases.

Leva oxigênio e nutrientes a todas as

Impulsiona o sangue com resíduos para ser filtrado pelo

Libera sangue filtrado para o

Produzem gás carbônico e resíduos, que são recolhidos pelo

_____

Usam nutrientes e oxigênio em transformações que liberam energia.

Sistema _____

Filtra o sangue e elimina a urina.

115

Um pouco mais sobre

[...] motivos para não deixar de tomar água

Não há como viver sem a água. Ela representa de 40% a 80% do peso total do ser humano, e funções vitais dos órgãos dependem dela para realizar-se plenamente.

Para suprir todas as necessidades do organismo é preciso tomar, em média, dois litros de água todos os dias.

[...]

Os indivíduos desidratados apresentam menor volume de sangue que o normal, o que acaba atrapalhando o funcionamento do coração. A falta de água pode causar fraqueza, tontura, dor de cabeça, fadiga e, se for muito prolongada, levar à morte.

▶ Beber água é importante para manter as funções vitais do organismo.

Uma dica é: tenha sempre uma garrafa de água ao alcance das mãos, pois a reposição de líquidos deve ser frequente e independente da sensação de sede.

[...]

Se esses detalhes ainda não convenceram sobre a importância de beber rigorosamente a quantidade necessária de água por dia, aqui vão outros [...] benefícios da água:

• Regula a temperatura corporal – Durante os exercícios físicos ou quando o clima está muito quente, a água do organismo é liberada pela transpiração para regular a temperatura [...].

• Desintoxica o corpo – Ela auxilia na prevenção e no tratamento de infecção urinária, pois o líquido estimula as idas ao banheiro, o que ajuda a "limpar" o trato urinário. [...].

• Absorção e transporte de nutrientes – A água auxilia na absorção de nutrientes [...]. Além disso, o líquido ajuda no transporte dessas substâncias pela corrente sanguínea e na distribuição para as diversas partes do organismo.

[...].

Tainah Medeiros. Cinco bons motivos para não deixar de tomar água. *Drauzio*, 7 nov. 2012. Disponível em: <https://drauziovarella.com.br/noticias/cinco-bons-motivos-para-nao-deixar-de-tomar-agua>. Acesso em: 26 abr. 2019.

1 Quanta água uma pessoa deve tomar por dia, em média, para se manter hidratada?

2 Você tem o costume de tomar água regularmente?

3 Qual é a importância de beber água?

Atividades

1 Observe a imagem abaixo e depois responda às questões.

> Não se esqueça de ir ao banheiro antes de dormir.

> Não preciso, mamãe.

> Xiiiii... a mamãe tinha razão! Deixa eu correr senão não vou aguentar...

▶ Menina bebendo água antes de dormir.

▶ Menina acorda com vontade de urinar.

▶ Menina vai ao banheiro para urinar.

a) Por que a menina não foi ao banheiro quando a mãe avisou?

_____

_____

b) Você já precisou segurar o xixi em algum momento? Por que isso aconteceu?

_____

_____

c) Você já reparou como fica sua urina depois de tomar bastante água? Se sim, como ela fica? Por quê?

_____

_____

d) E quando você bebe pouca água, como fica sua urina? Por qual razão a urina fica assim?

_____

_____

e) Qual é a relação entre a quantidade de água ingerida e a quantidade de urina produzida?

_____

117

CAPÍTULO 3
O corpo também muda

Da infância para a adolescência

O que você observa nas fotografias abaixo?

▶ Três primas aos 10 anos de idade.

▶ Primas no início da adolescência.

1. Você percebe diferenças entre as crianças e os adolescentes? Quais?

2. Quais foram as principais mudanças pelas quais seu corpo passou até este momento?

3. Em relação às diferenças entre meninos e meninas, você notou alguma mudança em seu corpo ou mesmo no seu comportamento?

O nosso organismo também muda

Durante a vida, passamos por diferentes fases e transformações em nosso corpo. Nascemos pequenos e vamos crescendo até ficarmos adultos. Depois vamos envelhecendo.

Observe as fotografias a seguir. Elas são da rainha do Reino Unido, Elizabeth II, que nasceu na cidade de Londres, onde vive até hoje.

▸ Elisabeth com 1 ano de vida.

▸ Elisabeth brinca com triciclo aos 8 anos.

▸ Rainha Elisabeth II aos 92 anos, em visita ao Museu da Ciência.

▸ Elisabeth aos 14 anos.

▸ Rainha Elisabeth aos 44 anos, com seu cachorro de estimação.

As mudanças típicas da adolescência

Ao se olhar no espelho ou observar meninos e meninas de sua faixa etária, você pode notar que mudanças no corpo humano começam a aparecer e se acentuar.

Entre a infância e a fase adulta, todos nós passamos por uma fase de grandes transformações denominada adolescência.

Durante a adolescência, ocorrem mudanças físicas e funcionais no organismo que caracterizam a fase da **puberdade**. Essas mudanças variam de uma pessoa para outra e são controladas por hormônios diferentes nos meninos e nas meninas.

Algumas características bem marcantes desse período são o aparecimento de espinhas (acne), o crescimento de pelos nas axilas e na região pubiana e o aumento da produção de suor.

Nos meninos, aparecem pelos no rosto (barba), os órgãos sexuais aumentam de tamanho, a musculatura corporal fica mais forte e a voz torna-se mais grave, entre outras alterações do organismo.

Nas meninas, a puberdade caracteriza-se pelo desenvolvimento dos seios, surge a cintura, o quadril se alarga e tem início o ciclo menstrual, entre outras mudanças corporais.

◎ Olho vivo!

Nunca esprema uma espinha, pois ela pode tornar-se uma ferida e ficar ainda maior. O melhor a fazer é manter a pele limpa e seca.

Atividades

1 Complete as frases a seguir.

a) A adolescência é a fase da vida entre a _____ e a idade _____.

b) Durante a puberdade, surgem pelos nas _____ e na região _____ em meninos e meninas.

c) Durante a puberdade, o corpo das meninas muda: os _____ se desenvolvem e o _____ se alarga.

d) No corpo dos meninos, surgem _____ no rosto e a _____ se torna mais grave na puberdade.

2 Leia o texto a seguir e faça o que se pede.

Conhecer, ficar, namorar...

[...]

Sem dúvida, a adolescência é um período muito rico em descobertas e novas experiências, principalmente quando a gente começa a se interessar afetivamente por outra pessoa.

É nessa fase que construímos nossa própria identidade e adquirimos autonomia e capacidade para fazer escolhas, tomar decisões e assumir novas responsabilidades.

[...]

Thereza de L. F. Netto (Coord.). *Caderneta de saúde do adolescente*. Brasília: Ministério da Saúde, 2009. p. 38. Disponível em: <http://bvsms.saude.gov.br/bvs/publicacoes/caderneta_saude_adolescente_menino.pdf>. Acesso em: 18 mar. 2019.

▶ Adolescentes ouvem música.

a) De acordo com a leitura do texto e com o que você aprendeu anteriormente, como pode ser definida a adolescência?

_____

b) Em sua opinião, a que o autor se refere quando diz "construímos nossa própria identidade"?

_____

3 Veja o que aconteceu com Thiago.

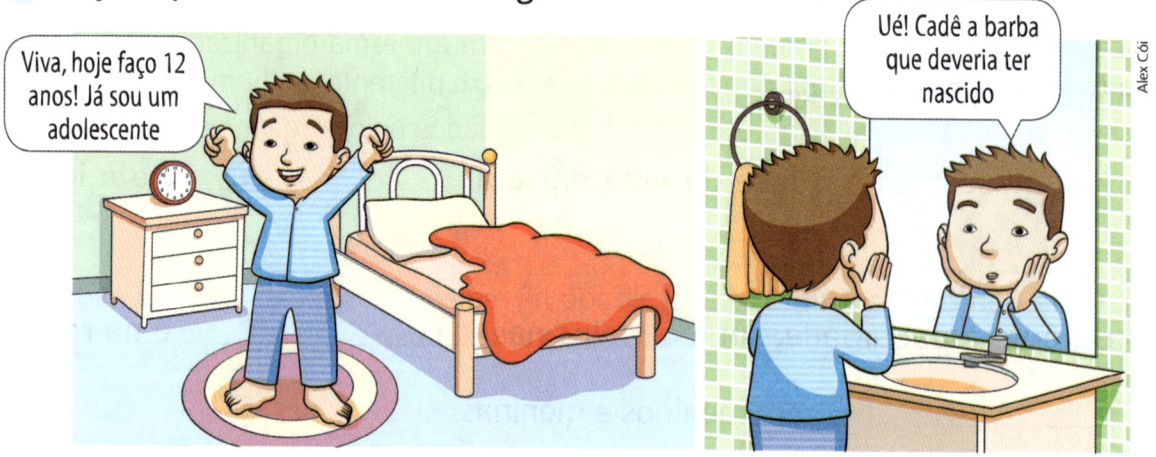

Viva, hoje faço 12 anos! Já sou um adolescente

Ué! Cadê a barba que deveria ter nascido

a) O que Thiago pensou?

_____
_____
_____

b) Por que Thiago está enganado?

_____
_____
_____
_____

4 Os personagens das ilustrações a seguir estão na fase da adolescência e o corpo deles passa por mudanças. No entanto, eles não entendem o que está acontecendo. Explique cada caso para ajudá-los.

a) O que você diria ao Idevaldo?

_____
_____
_____

▶ Idevaldo.

b) O que você pode dizer à Roselaine?

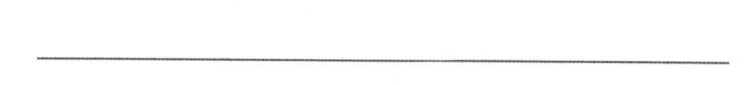

_____
_____

▶ Roselaine.

Conhecendo os sistemas genitais

Basicamente, o corpo do homem e o da mulher têm a mesma organização. Todavia, o **sistema genital**, responsável por originar descendentes, é diferente em homens e mulheres.

Os sistemas genitais masculino e feminino são formados pelos órgãos sexuais.

Sistema genital masculino

O **sistema genital masculino** está localizado na região do abdome. Ele é formado por testículos, próstata, vesículas seminais, ductos deferentes e pênis.

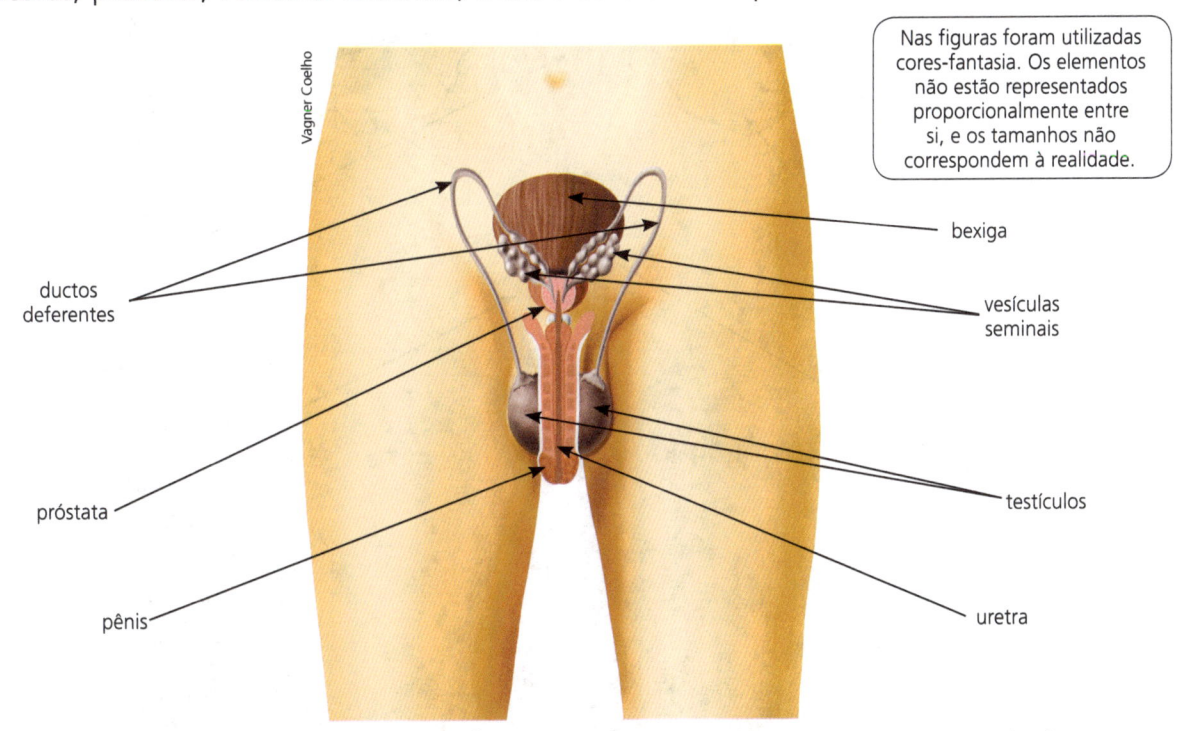

Nas figuras foram utilizadas cores-fantasia. Os elementos não estão representados proporcionalmente entre si, e os tamanhos não correspondem à realidade.

Vagner Coelho

Legendas: ductos deferentes, próstata, pênis, bexiga, vesículas seminais, testículos, uretra

▶ Esquema de sistema genital masculino em corte. É mostrada também a bexiga, que integra o sistema urinário.

Os **testículos** são duas estruturas localizadas dentro da bolsa escrotal, que os protege. Eles são responsáveis pela produção de **espermatozoides** e de testosterona. Os espermatozoides são as células reprodutoras masculinas (também denominadas **gametas masculinos**), e a testosterona é o **hormônio** responsável pelo desenvolvimento das características masculinas, principalmente na adolescência. A bexiga faz parte do sistema urinário de homens e mulheres.

Os **ductos deferentes** conduzem os espermatozoides dos testículos até outro canal, chamado **uretra**, por onde serão expelidos do corpo.

A uretra, por sua vez, passa pelo interior do **pênis**, órgão do sistema genital e do sistema urinário do homem. A liberação dos espermatozoides ocorre durante um processo denominado ejaculação.

A cada ejaculação são liberados, em média, 300 milhões de espermatozoides. A próstata e as vesículas seminais produzem líquidos que compõem o esperma.

Glossário

Hormônio: substância presente no sangue que tem ação específica no organismo, como o hormônio do crescimento, que promove o crescimento dos seres humanos.

Sistema genital feminino

O **sistema genital feminino** está localizado no abdome e é formado principalmente por ovários, tubas uterinas, útero e vagina.

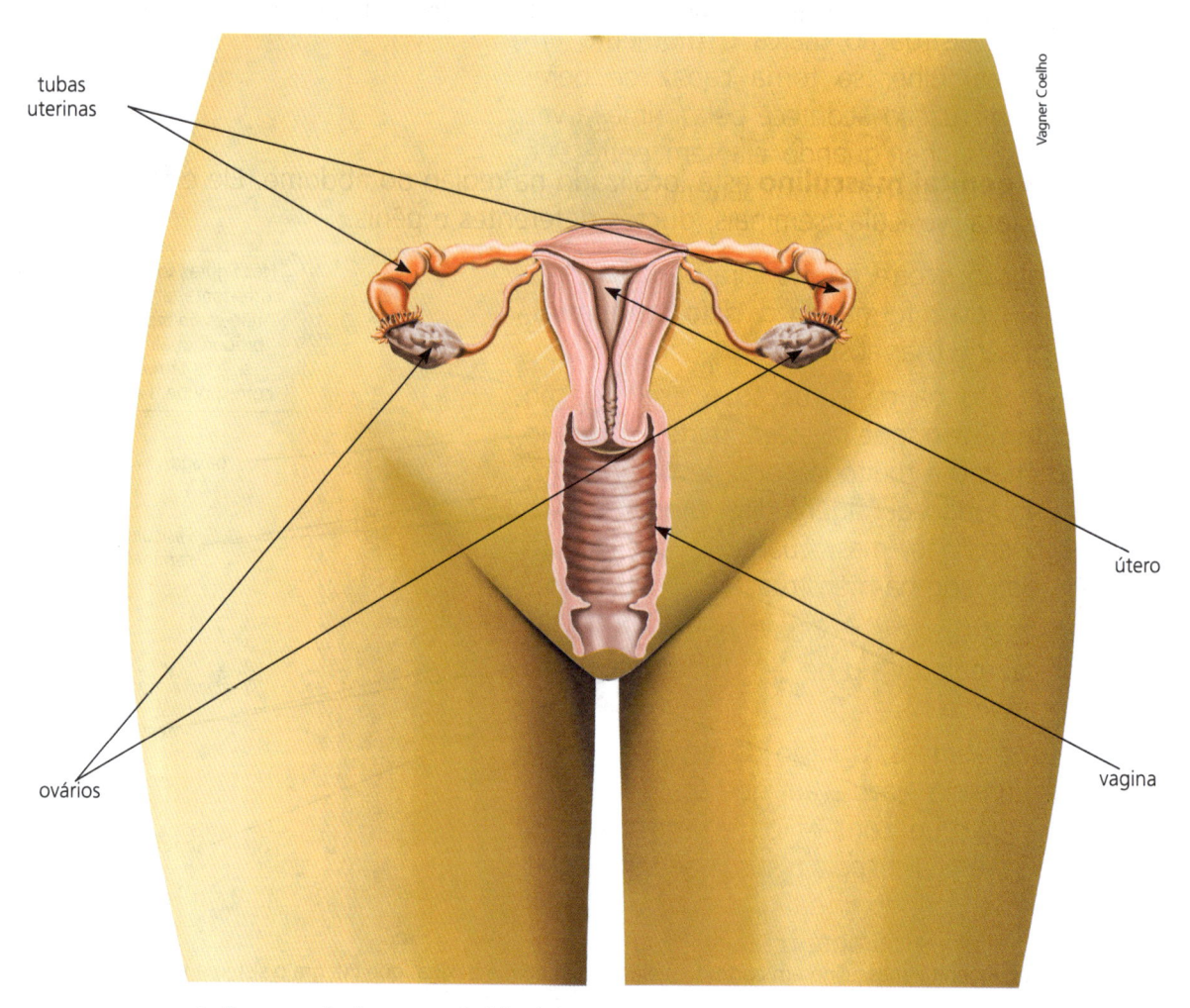

▶ Esquema de sistema genital feminino em corte.

Os **ovários** são estruturas responsáveis por produzir o óvulo, que é a célula sexual feminina (também denominada gameta feminino), e os hormônios que atuam no desenvolvimento das características femininas e na gravidez.

As **tubas uterinas** conectam os ovários ao útero e conduzem o óvulo até ele. É nas tubas uterinas que ocorre a fecundação, que é o encontro e a união entre espermatozoide e óvulo.

O **útero** é um órgão oco no qual o bebê se desenvolve durante a gestação. A **vagina** é um canal que liga o útero às partes externas do sistema genital feminino. É nesse canal que os espermatozoides são depositados durante a relação sexual e é também por ele que sai o bebê no parto normal.

A região íntima necessita de cuidados higiênicos, desde o recém-nascido até o idoso. Além de eliminar odores, a limpeza dos órgãos genitais previne infecções.

Tanto homens quanto mulheres devem lavar a região todos os dias com água e sabonete e secar após urinar. As mulheres devem ter atenção redobrada durante o período menstrual.

Um pouco mais sobre

Menstruação e ejaculação

A primeira menstruação marca o momento em que o corpo da mulher se torna capaz de gerar um bebê. A menstruação acontece pela primeira vez na vida de uma mulher quando ela tem entre 9 e 16 anos, e é percebida como um sangramento que escorre pela vagina.

A menstruação ocorre de maneira periódica, em geral a cada 28 dias, formando o **ciclo menstrual**, quando é necessário usar absorvente.

O sangramento na menstruação é a eliminação do tecido **endométrio**, que reveste a parte interna do útero. O endométrio é muito importante na gravidez. Ele se forma ao longo de alguns dias, preparando-se para abrigar o embrião, mas, quando a mulher não engravida, é eliminado na menstruação.

Entre uma menstruação e outra ocorre a **ovulação**, que é a liberação pelo ovário de um gameta feminino apto a ser fecundado.

No caso dos homens, o início do período fértil é marcado pela primeira ejaculação, que é a eliminação de sêmen (líquido que contém os espermatozoides produzidos pelos testículos) pelo pênis. É perfeitamente comum que nesse período inicial a ejaculação ocorra de maneira espontânea durante o sono.

▶ O início da adolescência é um período com muitas mudanças. Durante essa fase costumam ocorrer a primeira menstruação nas meninas, chamada de menarca, e a primeira ejaculação nos meninos, a semenarca.

Após a primeira menstruação, no caso das mulheres, ou a primeira ejaculação, no caso dos homens, é importante consultar um médico especialista, que esclarecerá dúvidas e dará orientações sobre os cuidados que se deve ter a partir dessa fase. O especialista em sistema genital feminino é o **ginecologista**, e o especialista em sistema genital masculino é o **urologista**.

1 Explique por que gestantes não menstruam.

_____

_____

2 Qual é a relação entre a primeira ejaculação e a primeira menstruação?

_____

_____

Atividades

1 Qual é a função do sistema genital?

_____

2 Escreva o nome da célula sexual feminina e o da masculina.

_____

_____

3 Identifique as estruturas dos sistemas genitais masculino e feminino indicadas pelas letras.

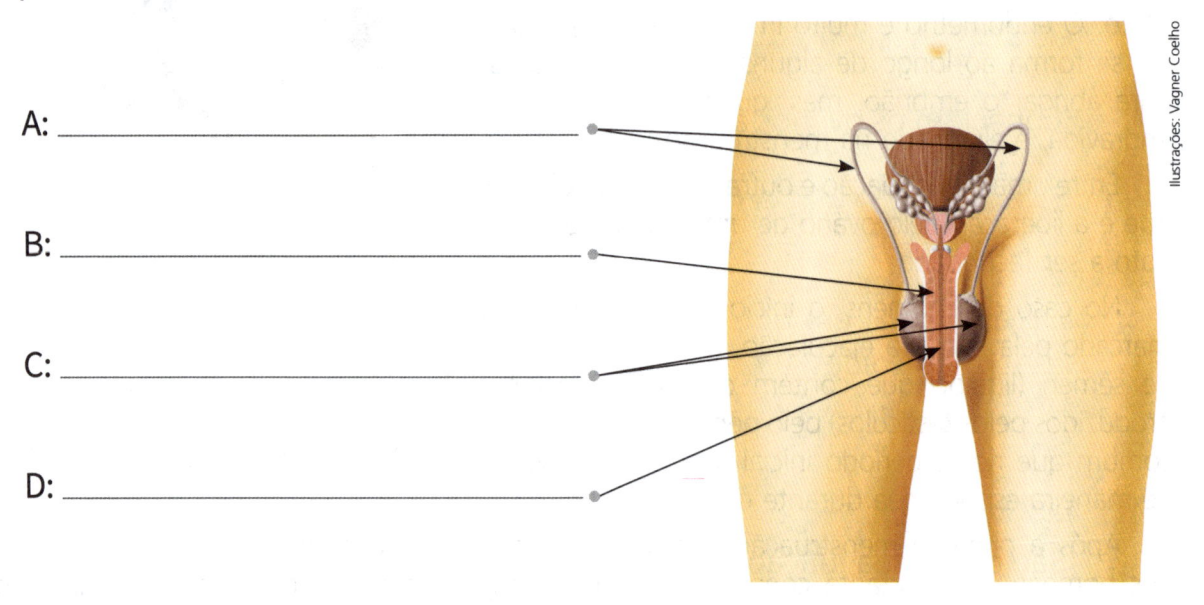

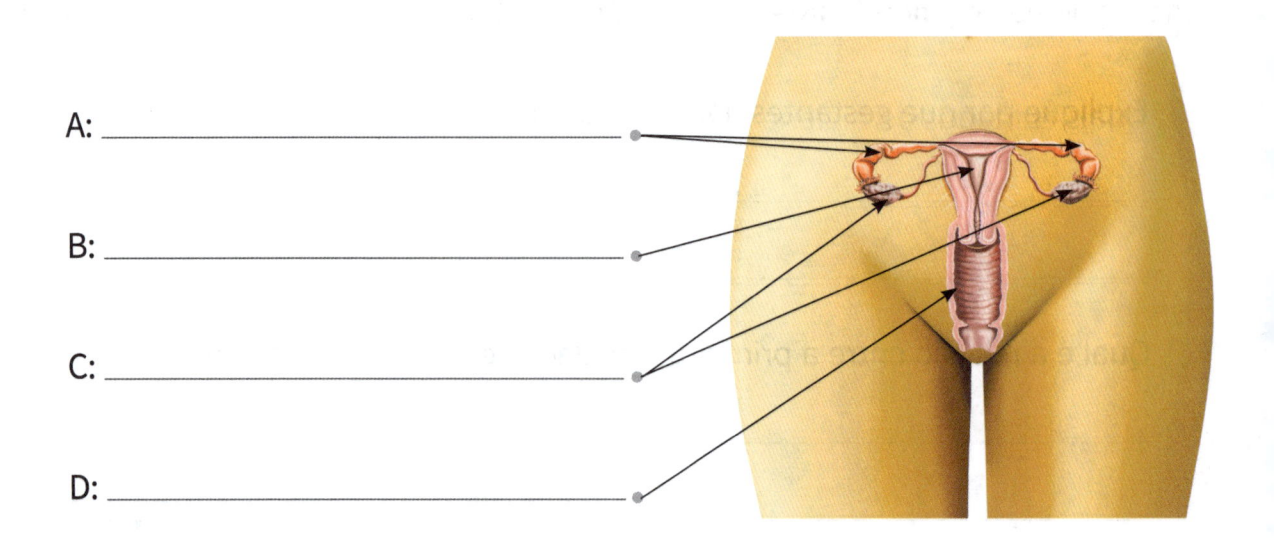

A: _____

B: _____

C: _____

D: _____

A: _____

B: _____

C: _____

D: _____

4 Escreva nos quadrinhos o nome da estrutura do sistema genital correspondente a cada definição a seguir.

a) Canal que liga o útero às partes externas do sistema genital feminino.

☐☐☐☐☐☐

b) São dois e sua função é produzir espermatozoides e hormônios.

☐☐☐☐☐☐☐☐☐

c) Por eles são conduzidos os espermatozoides até a uretra no corpo masculino.

☐☐☐☐☐☐   ☐☐☐☐☐☐☐☐☐

d) Conectam os ovários ao útero e é onde ocorre a fecundação.

☐☐☐☐☐   ☐☐☐☐☐☐☐☐

e) Órgão sexual em que se localiza a uretra, além de eliminar a urina e os espermatozoides.

☐☐☐☐☐

f) São dois e sua função é produzir o óvulo e os hormônios femininos.

☐☐☐☐☐☐☐

5 Quais cuidados de higiene devemos ter com os órgãos genitais?

_____
_____
_____
_____

Fecundação e gravidez

A função do sistema genital é gerar descendentes e isso ocorre quando há o encontro da célula sexual masculina – o espermatozoide – com a célula sexual feminina – o óvulo.

2. Quando o óvulo é fecundado pelo espermatozoide na tuba uterina, essas duas células se juntam originando uma única célula, chamada zigoto.

3. O zigoto passa por divisões e forma um conjunto de células, que é conduzido até o útero. Lá elas se fixam e continuam a se desenvolver.

Na figura, foram utilizadas cores-fantasia. Os elementos não estão representados proporcionalmente entre si, e os tamanhos não correspondem à realidade.

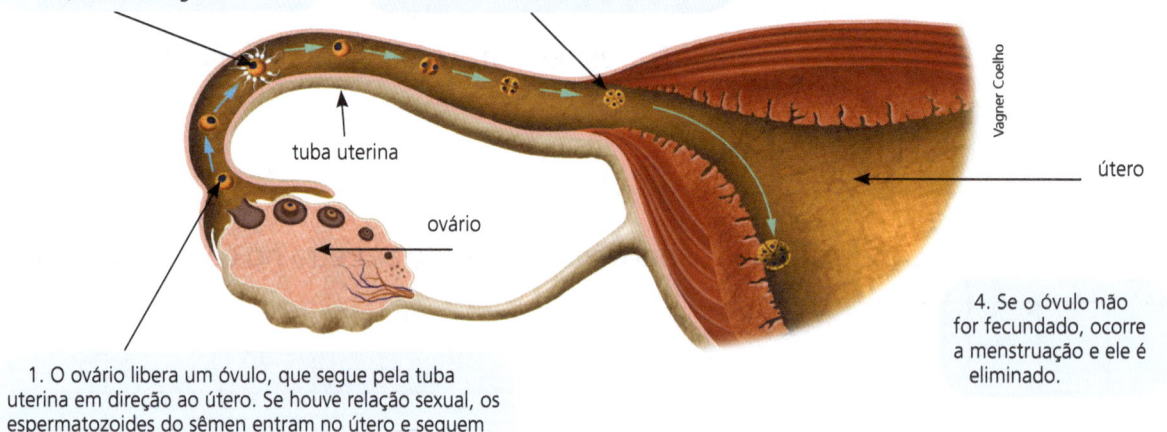

tuba uterina

ovário

útero

1. O ovário libera um óvulo, que segue pela tuba uterina em direção ao útero. Se houve relação sexual, os espermatozoides do sêmen entram no útero e seguem pelas tubas uterinas. Em uma delas está o óvulo.

4. Se o óvulo não for fecundado, ocorre a menstruação e ele é eliminado.

▶ Esquema da fecundação humana.

Durante a relação sexual, o homem ejacula e lança o sêmen ou esperma, que contém espermatozoides, no fundo da vagina. Os espermatozoides são muito pequenos e se locomovem por meio dos batimentos da cauda. Ao chegarem às tubas uterinas, podem encontrar o óvulo e fecundá-lo.

Se um homem e uma mulher tiverem relação sexual durante o período em que ela estiver fértil, ou seja, quando o óvulo estiver em uma das tubas uterinas, pode ocorrer a gravidez. Se a relação for num período em que o óvulo ainda não foi liberado ou não está posicionado em uma das tubas uterinas, não ocorrerá gravidez.

Quando o espermatozoide penetra no óvulo, ocorre a fecundação.

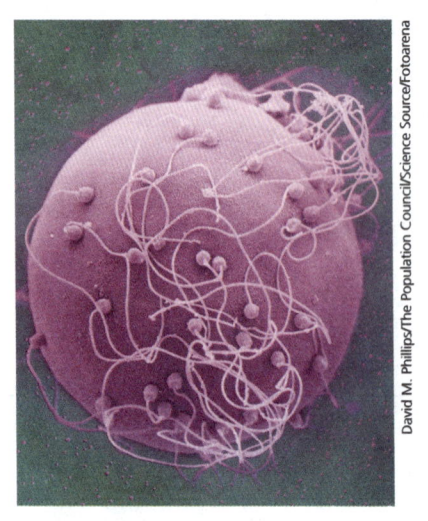

▶ Espermatozoides ao redor de um óvulo. Micrografia eletrônica colorida. Ampliação aproximada de 615 vezes.

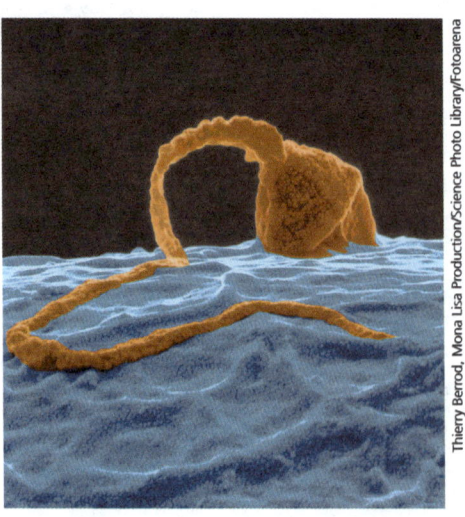

▶ Momento em que o espermatozoide (marrom) penetra no óvulo (azul). Micrografia eletrônica colorizada. Ampliação aproximada de 3 400 vezes.

Nos primeiros meses de gestação, as células proliferam intensamente e os órgãos e sistemas do embrião se formam. No terceiro mês, o embrião passa a ser denominado **feto**. A partir daí os órgãos se desenvolvem até o bebê estar pronto para nascer.

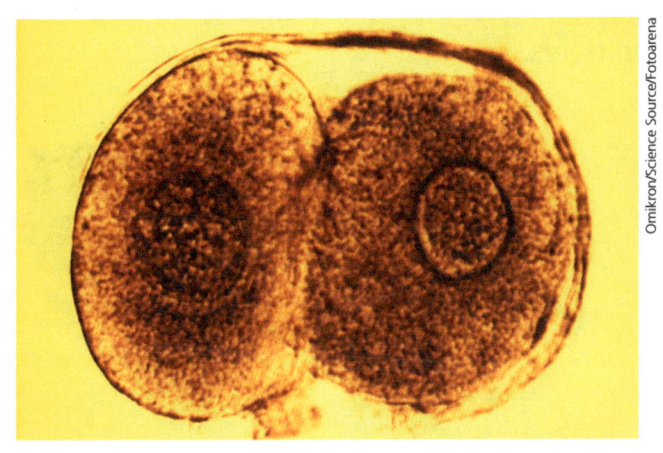

▶ Zigoto humano em estágio de desenvolvimento após três dias de fecundação. Fotografia obtida por microscópio eletrônico e colorizada artificialmente. Ampliação aproximada de 640 vezes.

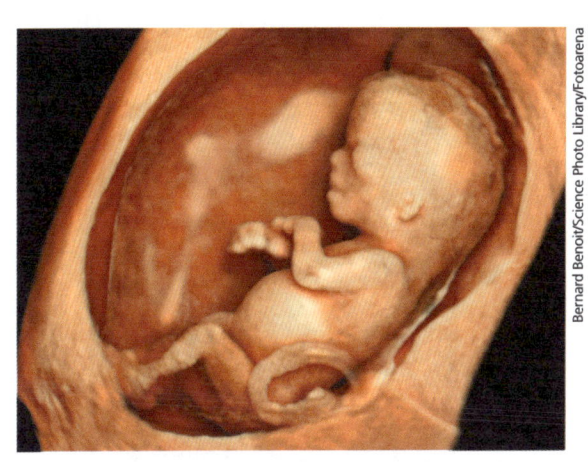

▶ Feto humano de 12 semanas. Fotografia obtida por ultrassonografia e colorizada artificialmente.

Dentro do útero, o embrião ou feto é protegido por uma bolsa repleta de um líquido que o mantém **hidratado** e livre de colisões.

Esse pequeno ser recebe nutrientes e gás oxigênio do corpo da mãe por meio do **cordão umbilical**. É também por meio desse cordão que o feto elimina gás carbônico e excretas, que são expelidos pela mãe. O cordão umbilical está conectado ao corpo da mãe pela **placenta**.

Glossário

Hidratar: suprir com água.

A gravidez ocorre, geralmente, até nove meses completos, quando chega a hora de o bebê nascer.

O momento do nascimento é chamado de parto, que pode ser normal ou cirúrgico (cesariana). No **parto normal**, o bebê sai pela vagina; na cesariana, o médico faz um corte no abdome da mãe e retira o bebê. O **parto cirúrgico**, ou cesariana, só deve ser feito se houver indicação médica.

Quando o parto ocorre antes dos nove meses de gestação, dizemos que o bebê é prematuro.

Na figura, foram utilizadas cores-fantasia. Os elementos não estão representados proporcionalmente entre si, e os tamanhos não correspondem à realidade.

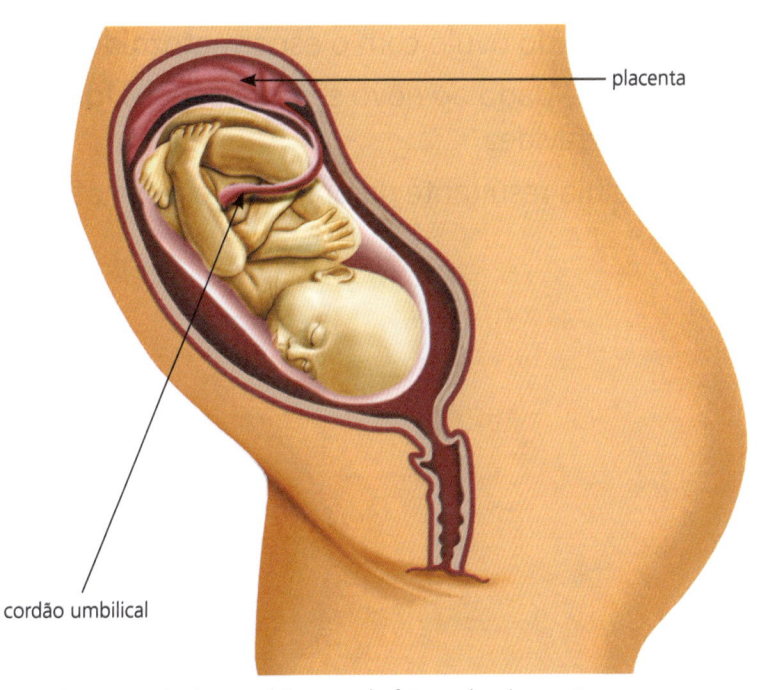

▶ Esquema do desenvolvimento do feto na barriga materna.

Atividades

1 Identifique os processos representados nas ilustrações a seguir e, no caderno, escreva uma explicação para cada um deles.

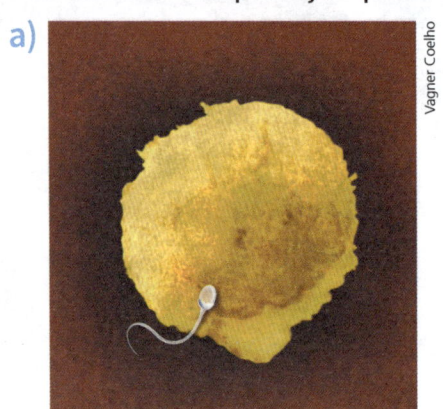

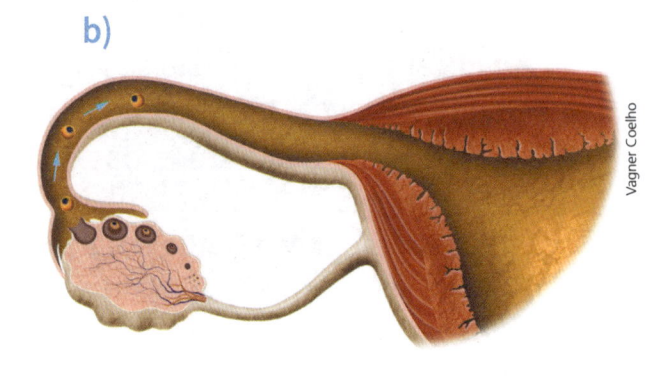

a)

b)

2 Resolva o diagrama de palavras a seguir.

1. Período de nove meses do desenvolvimento humano dentro do útero.
2. Nome dado ao novo ser que está se formando a partir do terceiro mês de gravidez.
3. Contém um líquido que mantém o novo ser hidratado e protegido de batidas que possam ocorrer na barriga da mãe.
4. Nutre o embrião ou feto durante a gravidez.
5. Nome do cordão que liga a placenta ao embrião ou feto.
6. União do óvulo com o espermatozoide; representa o início da gravidez.
7. Nome dado ao novo ser que está se formando até por volta do terceiro mês de gravidez.
8. Célula resultante da união do espermatozoide com o óvulo.

3 Leia o texto a seguir e responda às questões.

A assistência pré-natal é o acompanhamento da gestação por um médico, o obstetra.

Esse acompanhamento é essencial à saúde da mãe e do bebê. Muitas vezes, sem perceber ou sem saber, as gestantes apresentam hábitos de vida que podem prejudicar o bebê que está se formando em sua barriga, como fumar, consumir bebidas alcoólicas ou se alimentar de forma desequilibrada.

De acordo com o Ministério da Saúde:

> O objetivo do acompanhamento pré-natal é assegurar o desenvolvimento da gestação, permitindo o parto de um recém-nascido saudável, sem impacto para a saúde materna, inclusive abordando aspectos psicossociais e as atividades educativas e preventivas.

Hélder Aurélio Pinto (Ed.). *Cadernos de atenção básica: atenção ao pré-natal de baixo risco*. Brasília: Ministério da Saúde, 2012. p. 33. Disponível em: <http://189.28.128.100/dab/docs/portaldab/publicacoes/caderno_32.pdf>. Acesso em: 26 abr. 2019.

a) O que é a assistência pré-natal e qual é sua importância?

_____
_____

b) Considerando os objetivos do pré-natal estabelecidos pelo Ministério da Saúde, quais aspectos, além da garantia de um parto saudável, devem ser abordados nesse período?

_____
_____
_____
_____

4 De que maneira a alimentação da gestante influencia o desenvolvimento fetal?

_____

5 Diferencie parto normal de cirúrgico.

_____
_____
_____

CAPÍTULO 4
Os sistemas funcionam de maneira integrada

Alguns sistemas do corpo humano

As crianças resolveram fazer um **jogo de adivinhação** sobre a integração de alguns sistemas do organismo humano.

1 Capta gás oxigênio para a produção de energia e retira gás carbônico do organismo.

2 Distribui os nutrientes obtidos pela digestão dos alimentos; leva oxigênio para as células e carrega resíduos.

3 Elimina resíduos tóxicos do organismo.

4 Possibilita a obtenção de nutrientes dos alimentos.

▶ Crianças conversando no pátio da escola.

1. Quais são os sistemas mencionados em cada balão?

2. Por que eles atuam em conjunto?

3. Faça uma análise de como esses sistemas atuaram em seu organismo desde a hora que você acordou até este momento e comente com um colega.

A integração dos sistemas

O corpo humano é formado por vários outros sistemas além dos que você estudou.

Os sistemas digestório, respiratório e cardiovascular são responsáveis pela nutrição do organismo e o sistema urinário é responsável pela retirada de substâncias tóxicas do corpo. Considerando essas informações, imagine que você está na hora do recreio brincando com seus colegas.

▶ Crianças realizam atividade física.

Para poder jogar bola, por exemplo, você precisa que os músculos e os ossos entrem em ação. No entanto, para que eles entrem em ação é necessário que sejam comandados por um sistema do organismo que tem o cérebro como seu principal componente, que é o sistema nervoso. Assim as ações que realizamos estão sob o comando desse sistema.

Quando uma bola é jogada em sua direção, por exemplo, você rapidamente coloca as mãos na frente do rosto para evitar ser atingido. Você percebeu a bola vindo em sua direção porque seus sentidos estavam funcionando de forma harmônica com seu sistema nervoso e você pôde se proteger do acidente. Por esses exemplos e muitos outros presentes em nosso dia a dia, é possível perceber que nosso organismo funciona de forma harmônica e que os sistemas que o compõem estão em ação. Mais detalhes sobre cada um dos sistemas que formam o corpo humano que você já conhece e outros que você ainda não conhece serão abordados em anos posteriores.

Agora leia nas páginas seguintes a história de Ana Clara e de sua cachorrinha, Lucy, e faça uma viagem pelo corpo humano.

Fantástico corpo humano

Ana Clara foi caminhar com sua cachorrinha, Lucy, e acabou de chegar em casa.

Ela lavou as mãos e foi jantar. Tomou uma sopa de legumes com frango desfiado.

A cachorrinha também foi comer sua ração e beber água, colocadas nas tigelinhas pelo pai de Ana Clara.

Após a refeição, tanto Ana Clara quanto Lucy deitaram em uma poltrona e adormeceram. Enquanto isso, o organismo delas fez a digestão dos alimentos que comeram no jantar. Esses alimentos foram digeridos, ou seja, quebrados em pedacinhos cada vez menores, até serem absorvidos pelo organismo e, no intestino delgado, passaram para a corrente sanguínea. A água que beberam foi absorvida no intestino grosso, passando também para o sangue. O sangue, por sua vez, levou os nutrientes absorvidos para as células do corpo inteiro através da rede de vasos sanguíneos que percorrem o organismo. Uma parte desses nutrientes foi usada para a obtenção de energia.

O ar que Ana Clara e Lucy respiram é rico em gás oxigênio e vai para os pulmões. Nos alvéolos, o gás oxigênio passa para o sangue, enquanto o gás carbônico que o sangue recolheu das células passa para os alvéolos e sai do corpo delas com o ar expirado. O gás oxigênio é distribuído para as células do corpo todo pelo sangue. Ali, ele e os nutrientes passarão por transformações que liberam energia.

A atividade das células gera resíduos que são tóxicos quando se acumulam. Outra função do sangue é remover esses resíduos ao percorrer todo o corpo. Os resíduos são filtrados nos rins e, com a água, formarão a urina, por meio da qual o corpo elimina as substâncias tóxicas produzidas em seu funcionamento.

Tanto Ana Clara como Lucy aproveitaram muito o passeio e gastaram bastante energia. Acabaram adormecendo na poltrona. Mas em breve vão acordar, pois beberam água, e a vontade de fazer xixi vai aparecer logo, logo...

E lembre-se de que tudo o que aconteceu com Ana Clara e com a cachorrinha Lucy estava sob o comando do sistema nervoso, responsável por manter a harmonia do funcionamento do nosso organismo.

Henrique Machado

Um pouco mais sobre

Por que o sangue circula pelo corpo?

[...]

Em geral, é apenas quando nos cortamos que nos damos conta da existência do sangue. Talvez por isso muita gente não goste de ver esse líquido vermelho. Mas como ele é importante! No sangue, encontramos nutrientes gerados pelos alimentos que comemos, células que defendem o nosso organismo de doenças, oxigênio obtido com a respiração...

[...]

É o sistema circulatório que faz com que o sangue percorra o nosso organismo por completo, permitindo que o oxigênio e os nutrientes transportados por ele cheguem a todas as regiões. Afinal, é o coração que bombeia o sangue, colocando-o em movimento, enquanto os vasos sanguíneos servem de caminho para esse precioso líquido...

No entanto, o sangue não só faz esse trabalho de entrega de oxigênio e nutrientes para diferentes partes do corpo, como, também, realiza outro: recolhe das células tudo o que elas não precisam mais. Para cumprir essas duas funções, porém, esse precioso líquido vermelho precisa de um longo caminho, que começa e termina no coração.

[...]

Todo esse trajeto, possível graças ao trabalho do sistema circulatório, é justificado porque o sangue tem papel fundamental para que possamos sobreviver.

[...]

Carlos Alberto M. de Lacerda. Por que o sangue circula pelo corpo? *Ciência Hoje das Crianças*, 29 set. 2014. Disponível em: <http://chc.org.br/por-que-o-sangue-circula-pelo-corpo/>. Acesso em: 26 abr. 2019.

1 Como é possível o sangue chegar ao corpo todo?

_____

_____

2 Por que o texto menciona que o sangue tem papel fundamental para nossa sobrevivência?

_____

3 O que acontece com o sangue após recolher as substâncias tóxicas eliminadas pelas células?

_____

Atividades

1. Complete as frases com as palavras do quadro a seguir.

> energia   pulmões   digestão
> sangue   urina   nutrientes   rins

a) Os alimentos passam pelo processo de _____ e seus nutrientes são disponibilizados para o organismo.

b) O ar entra nos _____ .

c) O sangue leva oxigênio e _____ para as células, onde há liberação de _____. Os resíduos tóxicos são levados pelo _____ para os _____ , que filtram e eliminam essas substâncias do organismo por meio da _____.

2. Leia o texto e depois responda às questões no caderno.

Por que suamos frio quando sentimos medo?

Você está fazendo um passeio pela floresta e, de repente, um urso faminto sai da caverna correndo na sua direção. Seu coração quase salta pela boca e os pelinhos do seu braço ficam todos em pé [...] você corre como um atleta. Ao mesmo tempo, [...] você sua frio. [...] Em consequência do medo, o nosso corpo sofre uma revolução [...] o cérebro sinaliza para o coração que é hora de acelerar, bombeando mais sangue [...] para os músculos, a fim de que eles funcionem melhor. Enquanto isso, por conta do excesso de sangue direcionado aos músculos, os órgãos do abdome e a pele passam a receber menos sangue, e é essa a razão pela qual a gente sente a sensação de frio na barriga, a pele gelada pelo suor e começa a tremer – brrrr!

Essa mudança brusca no funcionamento do corpo nos prepara para fugir ou lutar, exatamente como acontecia com os homens das cavernas. [...] Hoje, não precisamos mais fugir de ursos, mas outras situações nos fazem suar frio de medo, não é mesmo?

Rafael Freire. Por que suamos frio quando sentimos medo? *Ciência Hoje das Crianças*, 8 set. 2016. Disponível em: <http://chc.org.br/por-que-suamos-frio-quando-sentimos-medo/>. Acesso em: 26 abr. 2019.

a) De que forma o texto mostra a integração entre os sistemas do corpo?

b) No caso dos exemplos do texto, qual é a importância do funcionamento integrado do corpo humano?

Como eu vejo

Cuidados com minha saúde

Uma vida saudável depende de nossos hábitos diários. Faça o teste a seguir para se certificar de que você não está se esquecendo de atitudes importantes para manter sua saúde.

- Como frutas, legumes e verduras regularmente.
  ☐ sim   ☐ não   ☐ às vezes

- Bebo água em quantidade suficiente para me manter hidratado.
  ☐ sim   ☐ não   ☐ às vezes

- Escovo os dentes após as refeições.
  ☐ sim   ☐ não   ☐ às vezes

- Evito comer doces em excesso.
  ☐ sim   ☐ não   ☐ às vezes

- Lavo as mãos após ir ao banheiro e antes das refeições.
  ☐ sim   ☐ não   ☐ às vezes

- Dou preferência a arroz e pães integrais.
  ☐ sim   ☐ não   ☐ às vezes

- Tenho hábitos de higiene com os alimentos.
  ☐ sim   ☐ não   ☐ às vezes

- Prefiro alimentos naturais.
  ☐ sim   ☐ não   ☐ às vezes

- Quando uso fones de ouvido, não deixo o volume muito alto.
  ☐ sim   ☐ não   ☐ às vezes

Quando toma água, você está contribuindo para o bom funcionamento de seu intestino, seus rins e demais órgãos do corpo.

A prática de esportes fortalece o coração e os outros músculos do corpo, além de melhorar o transporte de oxigênio pelo sangue.

- Ao ver televisão ou usar o computador, sento com as costas retas na cadeira e apoio os pés no chão.
  ☐ sim ☐ não ☐ às vezes

- Evito alimentos industrializados, como salgadinhos, biscoitos e bolachas recheadas.
  ☐ sim ☐ não ☐ às vezes

- Dou preferência a sucos naturais.
  ☐ sim ☐ não ☐ às vezes

- Evito tomar refrigerante.
  ☐ sim ☐ não ☐ às vezes

- Pratico atividades físicas regularmente.
  ☐ sim ☐ não ☐ às vezes

- Uso filtro solar quando vou ficar exposto à luz do Sol e considero o horário mais adequado para me expor ao Sol.
  ☐ sim ☐ não ☐ às vezes

- Não tomo medicamentos sem orientação de um médico.
  ☐ sim ☐ não ☐ às vezes

- Tomo as vacinas indicadas pelo médico.
  ☐ sim ☐ não ☐ às vezes

- Consulto médico e dentista regularmente.
  ☐ sim ☐ não ☐ às vezes

Os vegetais folhosos, frutas e cereais integrais são ricos em fibras, que auxiliam no bom funcionamento do intestino.

Os sistemas de nosso corpo, como o digestório, o respiratório, o cardiovascular, trabalham de forma integrada, ou seja, em conjunto. A saúde do organismo depende da interação entre todos os sistemas.

1. Você poderia praticar com mais frequência os hábitos para os quais você marcou "às vezes"?

2. Retome os hábitos para os quais você marcou "não". Quais prejuízos a falta desses hábitos pode acarretar à sua saúde?

3. Levante outros hábitos positivos de saúde além dos que estão na lista.

Como eu transformo

Divulgar os serviços de saúde pública

Geografia   Língua Portuguesa

O que vamos fazer?

Elaborar um panfleto com informações sobre o acesso aos serviços de saúde por telefone e nos locais de atendimento na redondeza da escola.

Para que fazer?

Para informar à comunidade escolar e do bairro e às pessoas conhecidas quais são os serviços de saúde gratuitos disponíveis na região.

Com quem fazer?

Com os colegas, o professor, os funcionários da escola e da Secretaria de Saúde do município.

Como fazer?

1. Façam uma pesquisa no *site* do Ministério da Saúde sobre todos os telefones úteis de atendimento à saúde e anotem as informações para colocar no panfleto.

▶ Unidade de Saúde da Família. Pirenópolis, Goiás, 2014.

2. Dividam-se em grupos para coletar as demais informações necessárias, referentes aos serviços de saúde no município.

3. Pesquisem essas informações no *site* da prefeitura do município ou, sob a organização do professor, telefonem à Secretaria de Saúde municipal.

4. Nesse levantamento, anotem os dados de todos os lugares próximos à escola que ofereçam atendimento de saúde médico, como medida de pressão e glicemia, e odontológico gratuito. Façam uma lista com o nome e os endereços desses locais.

5. Dividam entre os grupos a tarefa de, sob a supervisão do professor, telefonar a esses locais, confirmar o endereço, telefone, horário de atendimento e principais serviços prestados à população.

6. Façam uma lista única com as informações coletadas. Usem o computador e criem um arquivo para formatar o panfleto e produzir cópias.

7. Compartilhem o panfleto que vocês produziram.

Você acha que esse panfleto vai ser útil às pessoas? Por quê?

Hora da leitura

O esquema tático do corpo humano

Assim como os 11 titulares da Seleção Brasileira que estarão em campo durante a Copa do Mundo, os órgãos do corpo humano desempenham funções específicas para trabalhar em conjunto. [...] o corpo é uma máquina que funciona como um time: de forma complexa e muito bem esquematizada.

[...]

As alterações provocadas pela prática esportiva têm predominância no metabolismo, que é o caminho que o nosso corpo faz para produzir e utilizar energia.

O professor de Fisiologia do Centro de Ciências da Saúde da UCS, Rafael Colombo, explica que na prática do futebol predomina o metabolismo aeróbio, que ocorre na presença de oxigênio, [...]. "Uma das suas características é, primeiro, aumentar a frequência cardíaca. O coração bate mais vezes por minuto e a quantidade de sangue que gira pelo corpo passa dos cerca de 5 para 30 litros por minuto", explica Colombo.

[...]

O jogo de futebol nada mais é do que um exercício físico de alto rendimento, que exige respostas de todo o organismo. Durante o período em que os jogadores estão em campo, diversas transformações ocorrem, como a sobrecarga do sistema respiratório. "Há um aumento da frequência respiratória. A respiração passa das 12 incursões por minuto (normalmente, em repouso, é essa a quantidade de vezes que inspiramos e expiramos), para um número muito maior, pois as células precisam de mais oxigênio. Esse volume maior de oxigênio vai chegar nas células e vai gerar a energia que vai manter as contrações musculares", descreve o professor Colombo.

[...]

Wagner Júnior de Oliveira. O esquema tático do corpo humano. *Revista UCS*, ano 2, n. 12, jun. 2014. Disponível em: <www.ucs.br/site/revista-ucs/revista-ucs-12a-edicao/o-funcionamento-do-corpo-humano/>. Acesso em: 26 abr. 2019.

1 Com base no texto, mencione um exemplo de funcionamento integrado de sistemas do corpo humano.

_____
_____
_____
_____

Revendo o que aprendi

1. Qual é a relação entre a alimentação e a respiração?

   _____
   _____
   _____

2. Por que o tórax aumenta de tamanho durante a inspiração? Explique.

   _____
   _____
   _____
   _____

3. Você percebeu que, quando fazemos uma atividade física, o coração bate mais rápido. Por que isso acontece?

   _____
   _____
   _____
   _____
   _____

4. Era um dia quente de verão. Após a aula de Educação Física, os alunos não beberam água e foram direto para a sala de aula. Com relação ao bom funcionamento do organismo, você considera correta a atitude dos alunos? Justifique sua resposta.

   _____
   _____
   _____
   _____

5. Em seu caderno, explique, em poucas palavras, como os sistemas digestório e respiratório trabalham com o sistema cardiovascular para nutrir o corpo e garantir que ele tenha energia para as atividades do dia a dia.

6 Complete o diagrama de palavras.

1. Processo que elimina do organismo resíduos tóxicos do funcionamento das células.

2. Levam a urina dos rins até a bexiga.

3. Recebe os resíduos das células e os transporta até os rins.

4. Formada por água e resíduos do funcionamento das células, é eliminada do corpo para o meio externo pela uretra.

7 Meninos e meninas têm sistemas genitais diferentes. Escreva um pequeno texto no caderno que explique como é seu sistema genital, descrevendo os órgãos e suas funções. Cite o médico especialista que você deve consultar para tratar de seu sistema genital.

8 Observe as imagens e faça o que se pede.

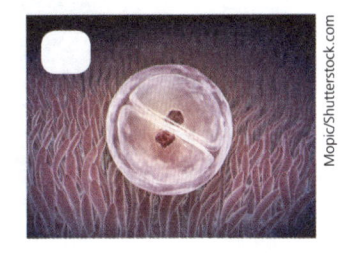

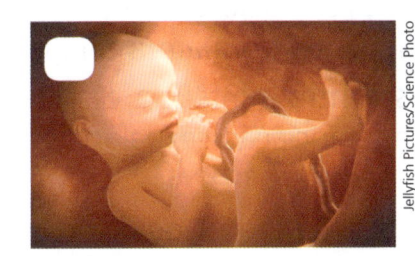

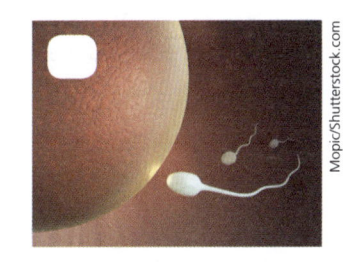

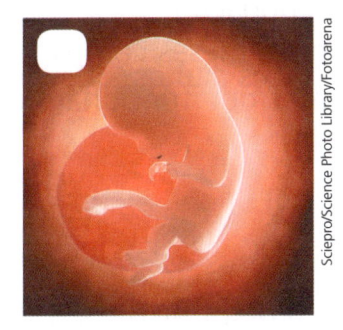

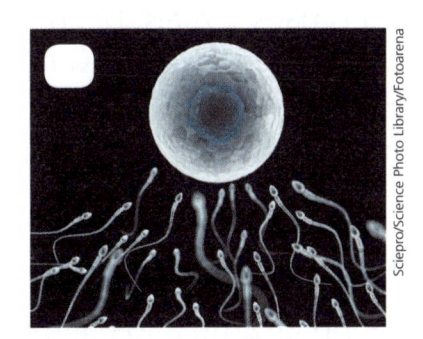

a) Responda: Que fenômenos as imagens representam?

_____

b) As imagens estão fora de ordem. Ordene-as.
c) No caderno, escreva um texto explicando as imagens.

Nesta unidade vimos

- Para funcionar, o corpo precisa de energia. A obtenção de energia ocorre nas células que formam o corpo e depende da presença de gás oxigênio e nutrientes.
- Quando inspiramos, o ar entra nos pulmões e o gás oxigênio contido nele passa para o sangue. Quando expiramos, o ar que sai dos pulmões é rico em gás carbônico, que é produto da atividade das células.
- O coração impulsiona o sangue, que flui para todas as partes do corpo pelos vasos sanguíneos.
- O sangue é composto de plasma, no qual ficam imersas as células – os leucócitos e as hemácias – e as plaquetas, que são fragmentos de células.
- A urina é produzida pelos rins por meio da filtração do sangue, que contém os resíduos tóxicos produzidos pelas atividades das células. A urina fica armazenada temporariamente na bexiga e, quando urinamos, é eliminada para fora do corpo pela uretra.

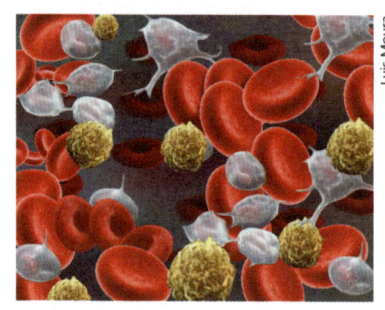

▶ Elementos do sangue, conforme visto na página 105.

- Beber água é fundamental para o funcionamento dos rins. O sangue com os resíduos tóxicos é filtrado nesses órgãos, que removem dele os resíduos e a água. Esses dois componentes formam a urina.
- A adolescência é a fase entre a infância e a idade adulta. Nela ocorre a diferenciação sexual mais evidente entre garotos e garotas.
- O sistema genital é responsável por gerar descendentes. Ele é diferente nos homens e mulheres e formado por órgãos sexuais. Depois da fecundação, a nova vida se desenvolve por volta de nove meses completos.

▶ Beber água é fundamental, como visto na página 116.

- O organismo é formado por vários sistemas que funcionam de forma integrada mantendo sua harmonia.

Para finalizar, responda:

- Por que precisamos nos alimentar e respirar para nos mantermos vivos?
- Como ocorre a integração entre os sistemas digestório, respiratório, cardiovascular e urinário?
- De que forma é garantida a perpetuação de nossa espécie na Terra?

Para ir mais longe

Livros

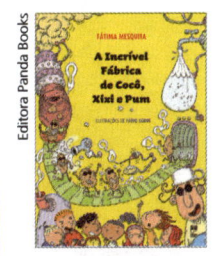

▸ **A incrível fábrica de cocô, xixi e pum**, de Fátima Mesquita. São Paulo: Panda Books, 2007.

Por meio de uma história ilustrada e divertida, o livro aborda temas como alimentação saudável, cuidados que se deve ter com a própria higiene e a produção de fezes e urina pelo ser humano.

Editora Panda Books

▸ **Planeta corpo**, de Silvia Zatz. São Paulo: Companhia das Letrinhas, 2001.

Um menino é transportado para o interior do corpo humano e lá faz muitas descobertas sobre nosso organismo.

Editora Companhia das Letrinhas

Site

▸ **Sistema respiratório**: <www.jogosdaescola.com.br/play/index.php/ciencias/373-sistema-respiratorio>.

Divirta-se com esse jogo nomeando os componentes do sistema respiratório.

Visitação

▸ **Museu de Ciências Morfológicas. Belo Horizonte, Minas Gerais.**

O objetivo do museu, criado pelo Instituto de Ciências Biológicas da Universidade Federal de Minas Gerais, é difundir o conhecimento sobre a estrutura do corpo humano por meio de exposições didático-científicas permanentes. Mais informações em: <www.ufmg.br/rededemuseus/mcm>.

Universidade Federal de Minas Gerais

▸ **Guia de Centros e Museus de Ciências do Brasil.**

Para outros museus brasileiros, consulte: <www.casadaciencia.ufrj.br/Publicacoes/guia/Files/guiacentrosciencia2015.pdf>.

UNIDADE 4
Tecnologia, Universo e conhecimento

- Que astros você já observou no céu? Você conseguiu ver detalhes deles? Por quê?
- Você conhece algum instrumento usado para observar astros? Qual?
- Você já tentou agrupar as estrelas no céu noturno para formar alguma figura? Como eram essas figuras?

CAPÍTULO 1

A tecnologia no dia a dia

Instrumentos para observação

1. Pinte os espaços na imagem de acordo com a legenda e descubra o instrumento utilizado pela pessoa representada.

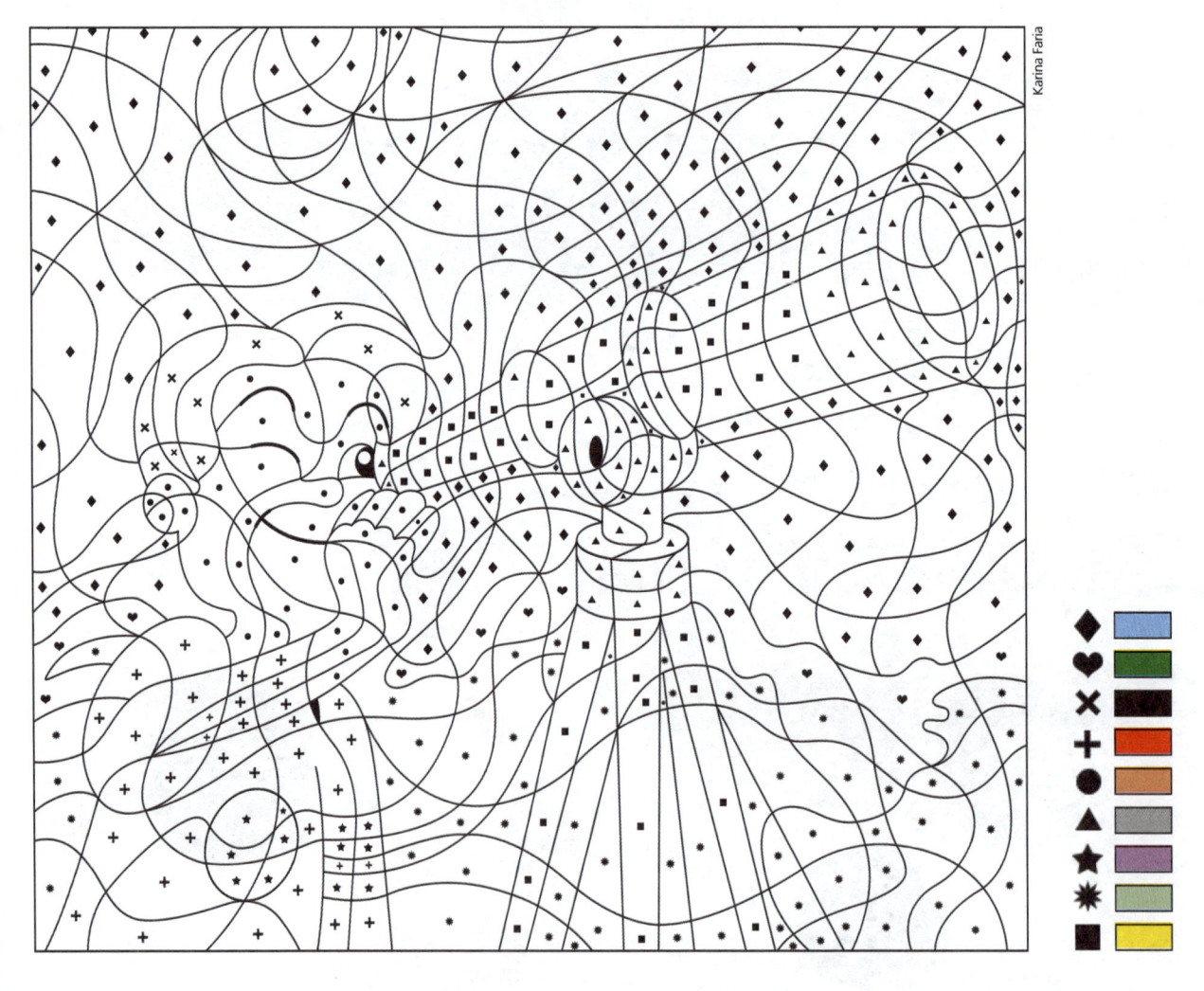

a) Você sabe que instrumento a pessoa está usando?
b) Você já viu algum instrumento parecido com esse?
c) Você sabe para que ele serve?
d) O que a pessoa pode estar observando?

Tecnologia para ver longe

Pelo que se sabe, o ser humano sempre teve muito interesse em observar o céu e conhecer os astros do Universo. Houve uma época em que as pessoas somente podiam tirar conclusões a respeito dos fenômenos celestes observando o céu a olho nu. Com o passar do tempo, foram inventados equipamentos, como lunetas, telescópios e sondas espaciais, e graças a esses avanços tecnológicos foi possível obter muitas informações sobre o Universo e seus astros.

Existem vários tipos de telescópios, dos mais simples – que podemos ter em casa – até os mais modernos, tão potentes que podem ser instalados em observatórios astronômicos ou lançados no espaço. Essas ferramentas nos possibilitam observar objetos muito distantes com mais definição.

As imagens não estão representadas na mesma proporção.

▶ Luneta, um tipo simples de telescópio.

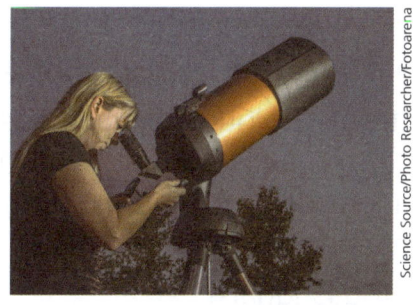

▶ Telescópio, instrumento que fornece imagens ampliadas de objetos que estão muito distantes.

▶ Telescópio Gemini Sul, localizado no Observatório Gemini, em uma montanha no Chile.

A observação dos astros daqui da Terra é limitada por diversos fatores. A atmosfera terrestre, além de distorcer a luz que passa por ela, contribui para a poluição luminosa, pois reflete a luminosidade emitida pelas cidades, ofuscando os astros que estão mais longe ou que emitem brilho mais fraco.

Por isso, foram desenvolvidas tecnologias cada vez mais avançadas que possibilitaram observá-los do espaço. São os telescópios e sondas que, lançados ao espaço, viajam e podem enviar informações sobre os astros do Universo para a Terra.

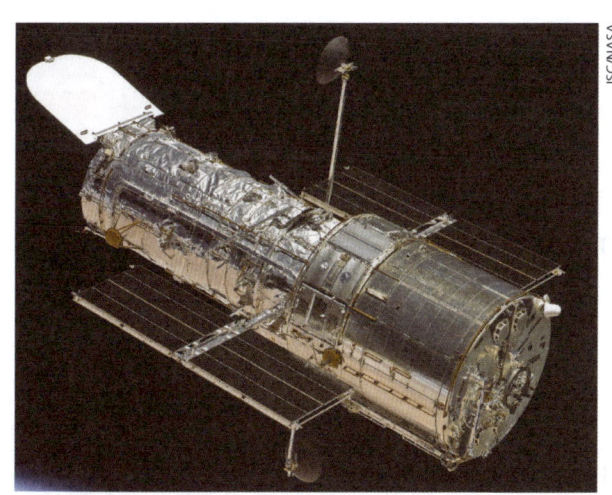

▶ Imagem do telescópio Hubble, lançado ao espaço em 1990.

▶ Representação da sonda espacial ExoMars Trace Gas Orbiter, lançada ao espaço para uma missão em Marte, em 2016.

Na prática

Existem diversos tipos de lentes que formam imagens variadas. Elas ajudam a corrigir os problemas de visão das pessoas, ampliam imagens de seres microscópicos e possibilitam observar detalhes de objetos muito distantes de nós, até mesmo de astros celestes.

As lentes são utilizadas em inúmeros instrumentos óticos, contribuindo para nosso conforto, pois aumentam nossa capacidade de perceber e conhecer o mundo. Alguns exemplos são: lupa, óculos, microscópio, binóculo, luneta e telescópio.

Olho vivo!

ATENÇÃO: Nunca utilize lentes para observar o Sol diretamente. A luz solar, se observada a olho nu ou por instrumentos, pode provocar sérios danos à visão. Esse cuidado vale para a utilização de luneta, telescópio ou binóculo.

Conte aos colegas algumas experiências que você já teve ao usar lentes.

- Você já usou algum instrumento que amplia imagens de seres ou objetos muito pequenos para poder enxergá-los melhor? Ou já o utilizou para trazer mais para perto de si a imagem de algo que está muito distante, possibilitando a visualização de seus detalhes?
- Será que as lentes são todas iguais?

Nesta atividade, vamos explorar o uso de lentes variadas.

Material:

- 2 lupas com lentes de diâmetros diferentes, por exemplo, de 5 cm de diâmetro e de 7,5 cm de diâmetro;
- lentes de aumento de graus variados, que podem ser retiradas de óculos de leitura ou outros óculos que não estejam mais sendo usados;
- uma lente de 1,5 grau positivo e outra de 10 graus ou mais negativos, se possível; elas podem ser obtidas em óticas (lojas especializadas no comércio de lentes de óculos);
- lente de relojoeiro, se possível;
- lente de monóculo, se possível;
- 1 tubo de aproximadamente 30 cm de comprimento (como aqueles que ficam no interior do rolo de papel-toalha ou papel-alumínio);
- fita adesiva;
- estilete (que deve ser manuseado exclusivamente pelo professor);
- fita métrica ou régua;
- folha de papel com texto impresso (folha de jornal ou revista).

▶ Alunos manuseiam o material da atividade.

Parte 1

Procedimento

1. Reúna-se com mais dois colegas e observem com as lupas os textos impressos. O que ocorre com a imagem dos textos?
2. Depois, observem um objeto mais distante. Para isso, sigam com o professor até o pátio e procurem uma árvore (ou algo que tenha a parte inferior bem diferente da parte superior). Observem-na com cada uma das lupas e depois com as lupas combinadas.

Parte 2

Procedimento

1. Um colega segurará a folha de papel a uma distância de cerca de 40 cm de seus olhos ou prenderá a folha em um mural a essa mesma distância. Pegue uma lente e posicione-a entre seus olhos e o papel, sem se preocupar se a imagem do texto ficará ilegível.

▶ Alunos testam o foco das lentes.

2. Em seguida, coloque outra lente entre seu olho e a primeira lente, movendo-a até que o texto da folha fique ampliado, reduzido, mais nítido ou invertido.
3. Repita o procedimento focalizando um objeto mais distante e identificando as lentes como 1 e 2. Então, quando você conseguir ver a imagem desse objeto mais próxima e nítida, o professor fará duas medidas: medida 1 – a distância entre seus olhos e a lente 1; medida 2 – a distância entre as duas lentes.
4. Depois, o professor fará uma fenda no tubo de papelão exatamente à mesma distância da extremidade do tubo que a medida 1. Em seguida, colocará a lente 1 em um quadrado de papelão com furo central do tamanho da lente e irá inseri-la na fenda, prendendo-a com fita adesiva para que fique bem firme dentro do tubo.
5. Ele fará, então, outro corte no tubo, a uma distância do primeiro corte equivalente à medida 2. Nesse local ficará alojada firmemente a segunda lente.
6. O instrumento construído é um tipo de luneta. Usem a luneta de vocês para explorar as imagens de objetos da sala de aula ou do pátio.

   Com base nos resultados da observação do ambiente com as lentes, responda:

1 Qual efeito você percebeu ao ler o texto com as lupas?

2 E quando usou as lupas para observar o elemento mais distante?

3 Qual lente ou conjunto de lentes você achou mais interessante?

Explorando o espaço

A curiosidade sobre o espaço impulsionou o ser humano a ir cada vez mais longe. Os avanços tecnológicos possibilitaram aos astronautas viajar pelo espaço e viver nas estações espaciais. Esses locais são considerados grandes satélites que são colocados na órbita da Terra e permanecem lá por muitos anos.

Embora uma estação espacial desça o tempo todo em direção à Terra, não existe a possibilidade de ela cair no solo, pois a alta velocidade de seu movimento ao redor do planeta a mantém sempre em órbita. É por causa da combinação desses movimentos que temos a impressão de que os astronautas e os objetos de seu interior estão flutuando.

Você já imaginou como é a vida de um astronauta no espaço?

Os alimentos são leves e nutritivos, geralmente transportados na forma desidratada (sem água) para ocuparem menos espaço, e são preparados na nave espacial. Como tudo flutua, as bandejas em que são colocados os alimentos ficam presas por ímãs numa base. A comida fica em embalagens especiais, presas na bandeja.

▶ Estação espacial na órbita da Terra.

▶ Astronauta Leland Melvin, a bordo do ônibus espacial Atlantis, mostra os alimentos fora das bandejas, em novembro de 2009.

As imagens não estão representadas na mesma proporção.

A roupa espacial é branca para facilitar a localização do astronauta no espaço.
Para respirar quando está fora da estação espacial, o astronauta conta com um reservatório de gás oxigênio.

Para dormir, os astronautas usam sacos de dormir presos nas paredes da nave espacial.

Os astronautas tomam banho dentro de um saco enorme, que impede que a água do chuveiro flutue e escape. Mas não é sempre que eles tomam banho. Como a água é escassa, algumas vezes eles usam um pano úmido para limpar o corpo.

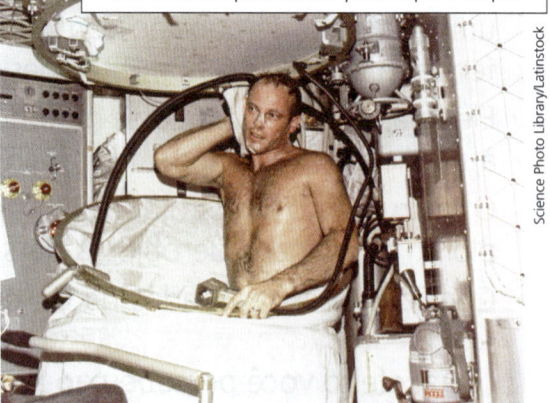

▶ Astronauta do lado de fora da estação espacial.

▶ Astronauta Megan McArthur dorme a bordo do ônibus espacial Atlantis, em 18 de maio de 2009.

▶ Astronauta Jack R. Lousma toma banho na Skylab, primeira estação espacial americana, lançada ao espaço em 14 de maio de 1973.

Um pouco mais sobre

Os cometas são pequenos astros formados por gases, gelo e partículas rochosas. Estima-se que eles surgiram há cerca de 5 bilhões de anos e são alguns dos corpos celestes mais antigos do Sistema Solar. É possível que abaixo do gelo eles carreguem partículas que ali foram lançadas durante a formação dos planetas. A sonda Rosetta foi enviada a um cometa para investigar essa possibilidade, atingindo seu objetivo no dia 30 de setembro de 2016. Leia o texto a seguir e conheça essa missão.

Ambiciosa, missão Rosetta chega ao fim abrindo portas para o futuro

As proporções entre as estruturas representadas não são as reais.

A aterrissagem nesta sexta-feira (30) da sonda Rosetta no cometa 67P/Churyumov-Gerasimenko põe fim a uma missão de mais de uma década da ESA (Agência Espacial Europeia), vista como sucesso científico e de público e que abre o caminho para futuros horizontes. [...]
As últimas imagens da Rosetta enviadas à Terra mostraram o solo do cometa dez segundos e cinco segundos antes do impacto. [...] Para aterrissar, a sonda reduziu sua velocidade orbital, "descendo em direção ao cometa em uma velocidade muito baixa", explicou Andrea Accomazzo, diretor de voo da missão. [...]

▶ Representação mostra a sonda Rosetta entrando na órbita do cometa 67P/Churyumov-Gerasimenko.

O interesse em estudar o local deve-se ao fato dele revelar traços da atividade e da formação do cometa, incrustados nas paredes dos poços. Na descida, a Rosetta recolheu amostras de gás, poeira e de plasma, além de tirar fotos de alta resolução. Todos os resultados foram enviados à Terra antes do choque. Agora, não é mais possível se comunicar com a sonda. [...]
A decisão de terminar a missão dessa forma ocorreu pelo fato de a Rosetta e o cometa 67P estarem ultrapassando a órbita de Júpiter, ficando cada vez mais longe do Sol, o que levaria à redução da energia a nível abaixo do necessário para a sonda funcionar. [...]

Ambiciosa, missão Rosetta chega ao fim abrindo portas para o futuro. *UOL*, 30 set. 2016. Disponível em: <https://noticias.uol.com.br/ciencia/ultimas-noticias/redacao/2016/09/30/ambiciosa-missao-rosetta-chega-ao-fim-abrindo-portas-para-o-futuro.htm>. Acesso em: 26 abr. 2019.

1 Que equipamento é a Rosetta e qual era sua missão?

2 Pela leitura do texto, que astros do Sistema Solar são mais antigos: os cometas ou os planetas?

3 O equipamento ainda está enviando imagens para a Terra? Explique.

Atividades

1 Leia o texto a seguir e responda às questões.

Invenções do espaço

Ao nosso redor estão presentes muitos produtos industrializados, a maioria deles construída com tecnologia avançada. Entre eles podemos citar: as máquinas de raios X portáteis, os controles remotos, os terminais bancários que fazem operações financeiras em tempo real, os códigos de barras, que possibilitam as trocas de informações, as luzes de emergência nas escadarias e saídas de emergência – sem falar nos *drones* controlados remotamente, que têm muitas funções, como monitoramento de cidades. Mas uma coisa esses recursos têm em comum: todos eles foram desenvolvidos com base em pesquisas espaciais. Portanto, quando você souber de algum programa espacial, não pense que os objetivos dele estão direcionados somente a muito além da atmosfera terrestre. Lembre-se de que o controle remoto de sua televisão, por exemplo, originou-se da pesquisa espacial.

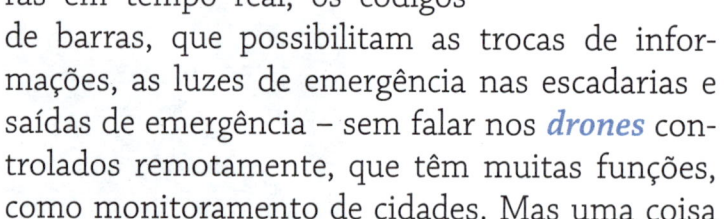

▶ *Drone* em sobrevoo.

Glossário

Drone: aeronave que não necessita de piloto a bordo, controlada a distância.

a) Você conhece alguma das tecnologias citadas no texto? Quais?

_____

b) Qual delas você considera a mais importante? Justifique sua resposta.

_____

c) Qual é a relação das pesquisas espaciais com as tecnologias citadas no texto?

_____

2 Diversos países desenvolvem projetos espaciais e enviam satélites ao espaço. Com o Brasil, isso não é diferente. Desde a década de 1990, o Instituto Nacional de Pesquisas Espaciais (Inpe) lança satélites ao espaço com diferentes objetivos. Faça uma pesquisa e relate, no caderno, os principais propósitos das missões espaciais brasileiras. Descreva também como essas pesquisas influenciam nosso cotidiano.

3 Nomeie os instrumentos usados no estudo do Universo representados a seguir.

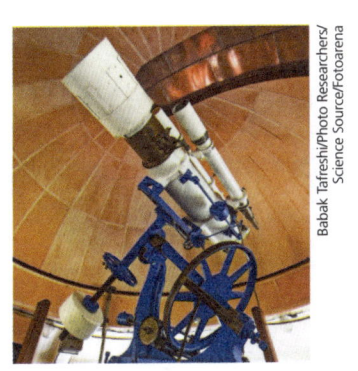

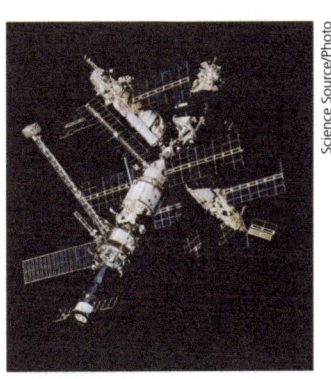

_____   _____   _____

4 Explique a importância dos avanços tecnológicos para o estudo do Universo.

_____

_____

5 Analise as imagens e responda às questões.

> As imagens não estão representadas na mesma proporção.

a) Como os astronautas respiram quando estão fora da estação espacial? Por que eles usam roupas brancas?

_____

_____

b) Como os astronautas dormem na nave espacial? Por que eles precisam dormir dessa forma?

_____

_____

Tecnologia para ver por cima de obstáculos

Como enxergar facilmente o que está atrás de obstáculos muito altos? Ou como alguém pode enxergar o que está na superfície estando dentro de um submarino totalmente imerso?

Em filmes, você já deve ter visto

▶ Soldados observam o inimigo com o uso de um polemoscópio.

marinheiros dentro de um submarino observando o que há fora da água, na superfície. O equipamento que eles usam para isso é o periscópio. Sua função é possibilitar que as pessoas enxerguem por cima de obstáculos, como uma coluna de água, um muro de concreto, uma fortaleza e multidões. Portanto, esse instrumento pode ser usado para diferentes finalidades.

O polemoscópio, tipo de periscópio rudimentar, foi usado pela primeira vez em 1854, durante a Guerra Civil Americana. Ele era composto de dois espelhos, montados em uma estrutura de madeira, possibilitando que os soldados observassem o movimento do exército inimigo.

Na Primeira Guerra Mundial, o periscópio foi aperfeiçoado e passou a ser usado nas **trincheiras**, em barcos e submarinos. Na Segunda Guerra Mundial ele foi acoplado também aos tanques de guerra.

▶ Soldado em trincheira observa o movimento do inimigo através de um periscópio acoplado a uma arma.

As imagens não estão representadas na mesma proporção.

Glossário

Trincheira: fosso ou escavação feita no solo usada como abrigo pelos soldados em uma batalha.

No século passado foi desenvolvido o olho de gigante, um tipo de periscópio usado para fotografar ou visualizar eventos em locais com grandes aglomerações de pessoas.

▶ Multidão com periscópio assistindo à chegada do rei George VI e da rainha Elizabeth. Londres, Reino Unido, 1939.

Na prática

Vamos construir um periscópio?

Material:

- uma caixa de leite vazia, com cerca de 20 cm × 7 cm × 7 cm (esquema 1);
- dois espelhos retangulares, com 6 cm de largura e 10 cm de comprimento (esquema 2);
- fita adesiva transparente;
- lápis;
- régua e tesoura sem ponta.

Procedimento

1. O professor recortará um dos lados de maior comprimento da caixa e o deixará reservado.
2. O professor recortará duas janelas quadradas em lados opostos da caixa, uma perto do lado superior, e outra perto do lado inferior, ambas a 1 cm desses lados. Uma janela deve medir 1,5 cm × 1,5 cm e a outra, 3 cm × 3 cm (esquema 3).
3. Afixe os espelhos na caixa com fita adesiva, como no esquema 4.
4. Cole na caixa o lado que foi recortado; junte bem as partes.

Seu periscópio está pronto! Depois de utilizá-lo, faça o que se pede a seguir.

1 Você conseguiu ver acima da linha dos olhos com seu periscópio? Explique por que isso acontece.

_____

_____

_____

2 Como você explica o funcionamento do periscópio?

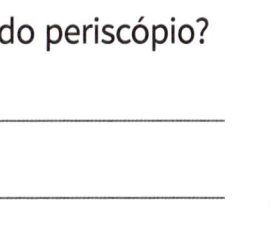

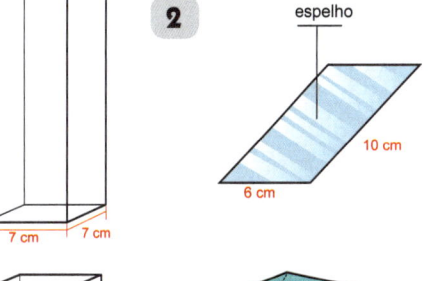

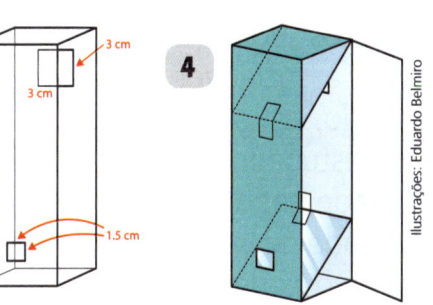

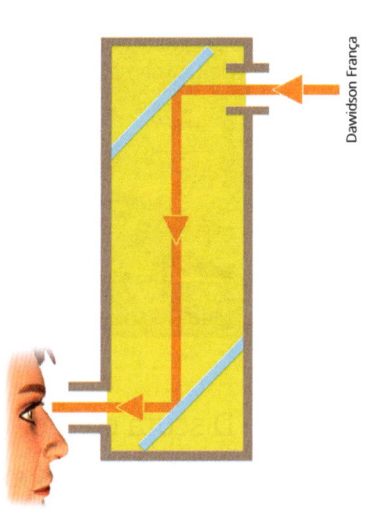

_____

_____

▶ Pessoa olhando na abertura de menor tamanho do periscópio, a abertura inferior.

157

Chamando para o debate

O uso que a sociedade faz de um instrumento pode ser bom ou ruim

As pessoas usam as tecnologias para diferentes fins. Entretanto, a tecnologia pode prejudicar pessoas ou grupos sociais quando usada em conflitos, como em guerras entre nações. Desse modo, os efeitos causados por ela podem ser considerados negativos.

No entanto, o uso de instrumentos tecnológicos pode trazer benefícios à ciência ou à sociedade quando nos ajuda, por exemplo, a visualizar melhor um ambiente a ser estudado ou quando valoriza alguma atividade cotidiana. Por exemplo, no Brasil, na cidade de Lagoa Santa, Minas Gerais, um arquiteto construiu o Superiscópio (um periscópio gigante) para visualizar a paisagem da cidade, que antes não podia ser vista por causa das construções.

▶ Vista do Superiscópio, periscópio construído, em 2015, pelo arquiteto Pedro Barata Castro. Lagoa Santa, Minas Gerais.

Você estudou o periscópio, que foi aplicado em diferentes situações ao longo da história. Ele recebe diferentes nomes dependendo de como é utilizado, mas sua utilidade e seu mecanismo de funcionamento são os mesmos em todas as situações.

As imagens não estão representadas na mesma proporção.

▶ Submarino com periscópio.

1 Discuta com os colegas as questões a seguir.
   a) Cite alguns exemplos de uso do periscópio.
   b) Dê exemplos de outros equipamentos, além do periscópio, que podem, por si só, trazer resultados bons ou ruins para a sociedade.

Tecnologia para ver em detalhes

Você já parou para pensar que há coisas que não conseguimos enxergar a olho nu? Isso acontece porque ou elas podem estar muito distantes ou são muito pequenas. Você estudou que os telescópios nos ajudam a enxergar objetos que estão muito distantes porque eles ampliam a imagem do local observado. No entanto, o que fazemos para enxergar materiais e seres vivos muito pequenos?

Naturalmente, podemos perceber, na primeira foto, que uma gota de água nos ajuda a enxergar os detalhes da folha, que, sem a gota, não poderiam ser visualizados.

A gota de água é transparente, tem espessura e curvatura. Essas características propiciam a ampliação da imagem e assim podemos enxergar os detalhes da folha. Dessa forma, os seres humanos perceberam que a imagem de alguns materiais poderia ampliar-se quando eles fossem visualizados através de instrumentos com as mesmas características da gota de água. E assim foram criadas as lentes de aumento.

▶ A gota de água amplia os detalhes da folha.

▶ A lente de aumento tem transparência, espessura e curvatura. Isso possibilita enxergarmos os objetos em tamanho maior.

As imagens não estão representadas na mesma proporção.

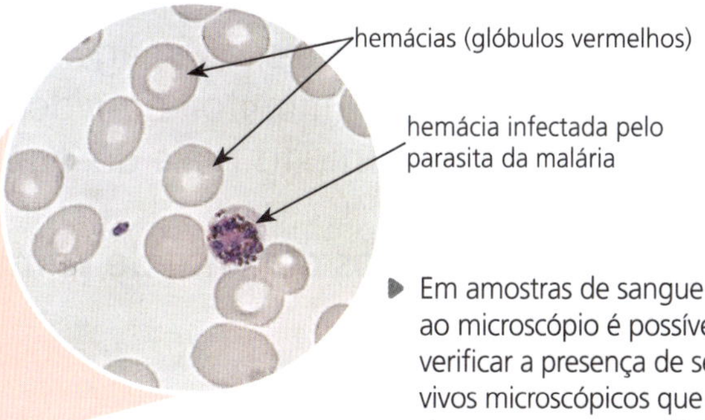

▶ Cientista examina amostras no microscópio.

hemácias (glóbulos vermelhos)

hemácia infectada pelo parasita da malária

▶ Em amostras de sangue vistas ao microscópio é possível verificar a presença de seres vivos microscópicos que causam doenças, como a malária. Aumento de 600 vezes.

As lentes de aumento possibilitam enxergar aquilo que não é possível ver a olho nu. Seu uso nos microscópios proporcionou grandes avanços científicos importantes na medicina.

Atividades

Leia o texto a seguir e responda às questões.

As imagens não estão representadas na mesma proporção.

Por volta do ano 1590 dois holandeses fabricantes de óculos, Hans Janssen e seu filho Zacharias, usaram lentes de aumento e inventaram um equipamento que revolucionou a história da ciência e da tecnologia, o microscópio. O primeiro a observar microrganismos no equipamento criado por eles foi o holandês Antonie van Leeuwenhoek, que viveu entre 1632 e 1723 e usava um microscópio que tinha apenas uma lente. Com o passar dos anos os cientistas aperfeiçoaram esse equipamento acoplando a ele mais lentes e melhorando a iluminação do material observado. O microscópio que usa lentes em sua fabricação é chamado **microscópio óptico**. Atualmente, ele é muito usado na pesquisa científica e na medicina para diagnosticar várias doenças, como a malária.

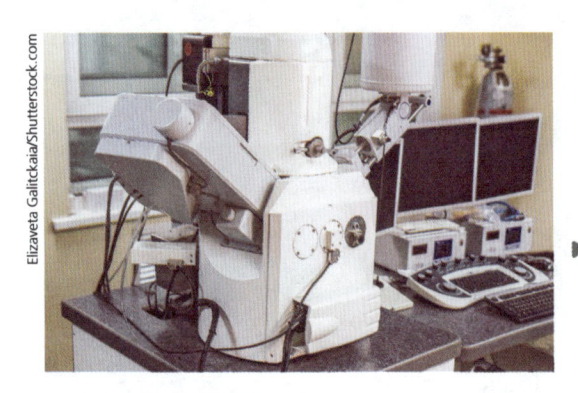

▶ No microscópio eletrônico, a imagem ampliada aparece em tela de um monitor de vídeo.

Existem estruturas tão pequenas, como os detalhes de células ou seres como vírus, que é impossível enxergá-las usando um microscópio com essas lentes. Somente com a invenção do **microscópio eletrônico**, no século XX, é que essa dificuldade foi eliminada. Esse equipamento não tem lentes, as imagens são transmitidas para a tela de um monitor de vídeo com capacidade de aumentá-las muito mais do que o óptico.

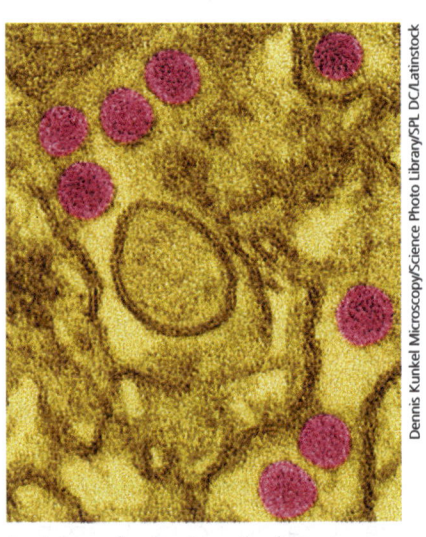

▶ Fotografia de vírus zika (estruturas arredondadas na cor rosa) ampliada 6 700 vezes, obtida de microscópio eletrônico. As cores não são as reais.

1 Quais características da lente de aumento possibilitam que uma imagem seja ampliada?

_____

2 Qual é a utilidade do microscópio quando aplicado na medicina?

_____

3 Qual é a principal diferença entre o microscópio óptico e o eletrônico quanto à sua utilidade?

Tecnologia para gravar imagens

Hoje em dia, é muito comum postarmos em redes sociais as imagens dos acontecimentos de nosso dia a dia.

Mas você sabe qual foi o caminho trilhado pela técnica fotográfica até evoluir para a tela de seu celular?

Acredita-se que essa história tenha começado na Grécia Antiga, quando o filósofo grego Aristóteles teve a ideia de observar o céu sem prejudicar a visão. Ele pegou uma caixa e fez um furo, por onde deixava a luz entrar e formava uma imagem em seu interior. Esse foi o primeiro passo para a invenção da câmera fotográfica.

▶ Menina tira fotografia com telefone celular.

Com o passar do tempo, esse equipamento foi aperfeiçoado e algumas lentes foram adicionadas a ele para melhorar a nitidez das imagens, que ainda não ficavam gravadas. Somente no século XX é que, com o uso de produtos químicos, pesquisadores conseguiram criar uma técnica para a gravação de imagens no papel, e isso era feito apenas nas cores branco e preto. Vale lembrar que, nessa época, tirar fotografias custava muito caro, e os equipamentos eram usados apenas por fotógrafos.

As fotografias coloridas vieram muito tempo depois de criada a primeira câmera. Essa tecnologia possibilitou que fossem fabricadas câmeras fotográficas portáteis e que os registros fotográficos pudessem ser feitos por amadores e em qualquer lugar.

As primeiras câmeras digitais começaram a ser comercializadas há quase 20 anos e, desde então, ampliou-se o uso delas, pois as imagens capturadas com esse tipo de câmera podem ser compartilhadas eletronicamente sem necessidade de serem impressas em papel. Graças à criação desse equipamento, muitos dispositivos eletrônicos, como celulares e *tablets*, contam atualmente com essa tecnologia.

Hoje em dia, todos os telescópios modernos capturam imagens na forma de uma imagem digital, de maneira muito semelhante às fotografias tiradas em câmeras de celular. Antigamente, o único modo de os astrônomos registrarem as imagens que eles observavam por meio dos telescópios era fazendo um desenho ou anotações. As técnicas da fotografia evoluíram e, de certa forma, também foram impulsionadas pelas pesquisas espaciais.

- E as pessoas mais idosas com quem você convive, como será que elas tiravam fotografias quando tinham sua idade? Converse com elas sobre essa questão. Compare o método usado na época delas com o que você pode usar atualmente.

Exames diagnósticos por imagem

Quando algo está errado com o corpo humano, é necessário investigar onde o problema está ocorrendo e tomar medidas para resolvê-lo.

Dessa forma, os avanços científicos, no que se refere à criação de equipamentos sofisticados, certamente estão auxiliando muito os médicos no exame de pacientes, possibilitando um diagnóstico mais preciso e a definição do tratamento mais eficaz em cada caso.

Conheça alguns desses avanços:

A **ressonância magnética** possibilita a visualização do corpo como se ele estivesse fatiado vertical e horizontalmente, em pequenas camadas. Com isso, o especialista consegue observar alterações mínimas e identificá-las no estágio inicial, o que facilita o tratamento.

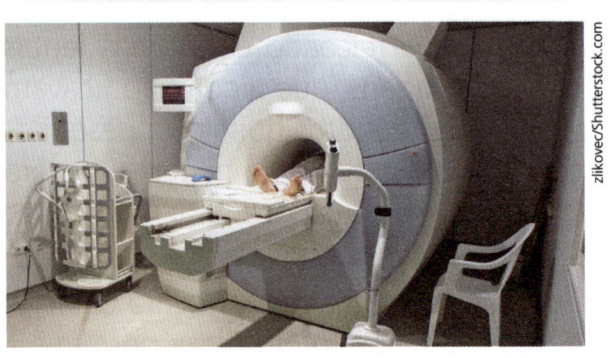

A **tomografia computadorizada** também proporciona identificar pequenas alterações no corpo, como uma inflamação ou um tumor.

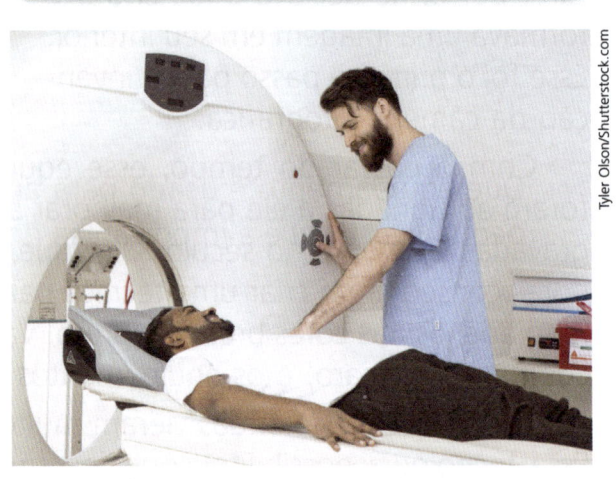

▶ Ressonância magnética.

▶ Tomografia computadorizada.

O aparelho de **mamografia** propicia examinar a mama e identificar o câncer de mama em estágio inicial, quando a possibilidade de cura é muito alta.

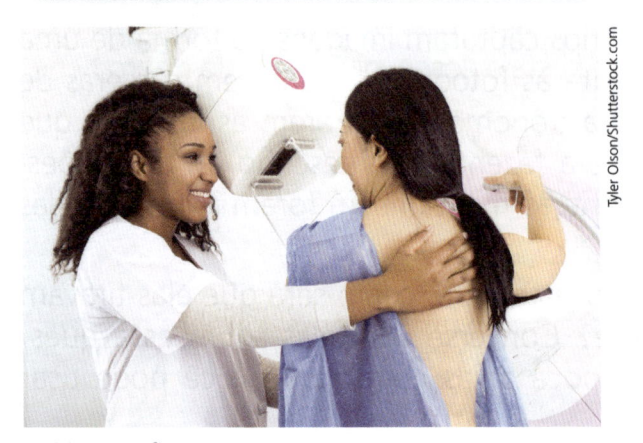

A **ultrassonografia** possibilita visualizar o funcionamento de partes do corpo, bem como o futuro bebê ainda no útero da mãe.

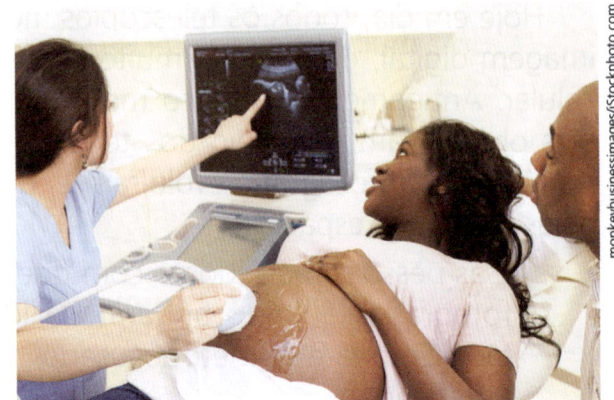

▶ Mamografia.

▶ Ultrassonografia.

Atividades

1 Supondo que o menino da imagem não possa tirar os pés do chão, qual equipamento ele poderia utilizar para enxergar a vista do outro lado do muro? Como esse equipamento funciona?

_____

_____

_____

_____

▶ Menino tenta observar o que está atrás do muro.

2 Que equipamento é usado para ampliar a imagem de objetos ou seres muito pequenos? Qual é a importância desse equipamento para a medicina?

_____

_____

3 Qual é a diferença entre um microscópio óptico e um microscópio eletrônico quanto a sua estrutura e ao seu funcionamento?

_____

_____

4 Identifique os exames que podem ser usados no diagnóstico dos pacientes a seguir.

a) Uma mulher grávida precisa saber como está o desenvolvimento do futuro bebê.

_____

b) O médico necessita investigar uma alteração nas mamas de uma paciente.

_____

c) O médico suspeita que um paciente esteja com um tumor no cérebro e precisa comprovar o diagnóstico.

_____

CAPÍTULO 2

Universo: astros e seus movimentos

Movimentos do Sol e da Lua

Os povos, em diferentes épocas e lugares, procuram explicações sobre como surgiu o Universo e seus astros ou como e por que eles se movimentam. Leia a seguir o trecho de uma lenda indígena que explica o surgimento e o movimento do Sol e da Lua.

> No começo, ainda no silêncio... [...]
> Nada se via. Nem olhos havia para ver. [...]
> Então nasceu o Sol, Guaraci.
> [...] primeiro um clarão no nascente, depois uma
> bola de luz vermelha... [...] ia clareando tudo,
> iluminando tudo, aquecendo tudo, derramando
> vida em tudo ...
> Então Guaraci viu aquele nada e começou a criar...
> Criou as águas, muitas águas: águas de sal,
> águas doces, águas de jorrar do céu...
> Depois criou as terras, [...]
> Guaraci ficou cansado. [...]
> Nesse sono ou nesse sonho, no meio dessa
> escuridão toda, Guaraci criou a Lua, Jaci. [...]
> Subindo no céu, foi surgindo ela, Jaci, [...] e subia,
> e quanto mais alta subia, o seu brilho virava prata,
> e fazia um lindo clarão iluminando toda a natureza.
> [...] Guaraci ficou muito encantado e tão apaixonado
> [...] mas ah... quando abria os olhos,
> tudo se iluminava de um jeito mais forte e colorido,
> e ela desaparecia...

Leonardo Rudá. *Mito de Rudá*. Disponível em: <https://leoruda.wordpress.com/tag/couto-magalhaes/>. Acesso em: 26 abr. 2019.

1. De acordo com a lenda indígena contada no texto, qual é o nome dado ao Sol? E à Lua?

2. Você acha que o Sol e a Lua nunca aparecem juntos no céu? Explique.

A Terra e seus movimentos

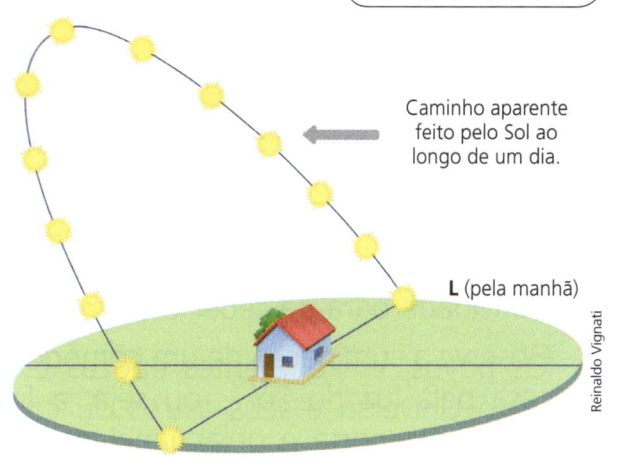

As imagens não estão representadas na mesma proporção.

Quando olhamos o Sol no céu, parece que ele se movimenta. Ele surge todas as manhãs de um lado do céu, e durante o dia sua posição vai mudando até que, no final do dia, ele desaparece no lado oposto ao que surgiu de manhã.

Na realidade esse é um movimento aparente do Sol, pois quem se movimenta é a Terra, ao girar em torno de seu eixo central imaginário. Esse movimento recebe o nome de **rotação** e demora aproximadamente 24 horas para se completar, ou seja, um dia.

Durante o movimento de rotação, um dos lados do planeta se volta para o Sol e recebe, assim, a luz solar. Nesse lado da Terra é **dia**; no lado oposto, é **noite**.

Caminho aparente feito pelo Sol ao longo de um dia.

L (pela manhã)

O (à tarde)

▶ Esquema simplificado da trajetória aparente do Sol durante o dia. A letra **L** indica o ponto leste, onde o Sol nasce, e a letra **O**, o ponto oeste, onde o Sol se põe. Isso ocorre somente em dois dias do ano: no início da primavera e no início do outono. Nos demais dias, o Sol nasce e se põe ou mais ao norte ou mais ao sul dos pontos cardeais **L** e **O**.

A Terra também realiza um movimento em torno do Sol, chamado movimento de **translação**. Ele, associado à inclinação do eixo imaginário do planeta em relação ao plano de sua órbita, determina as estações do ano. Esse movimento leva aproximadamente um ano (365 dias e 6 horas) para ser completado.

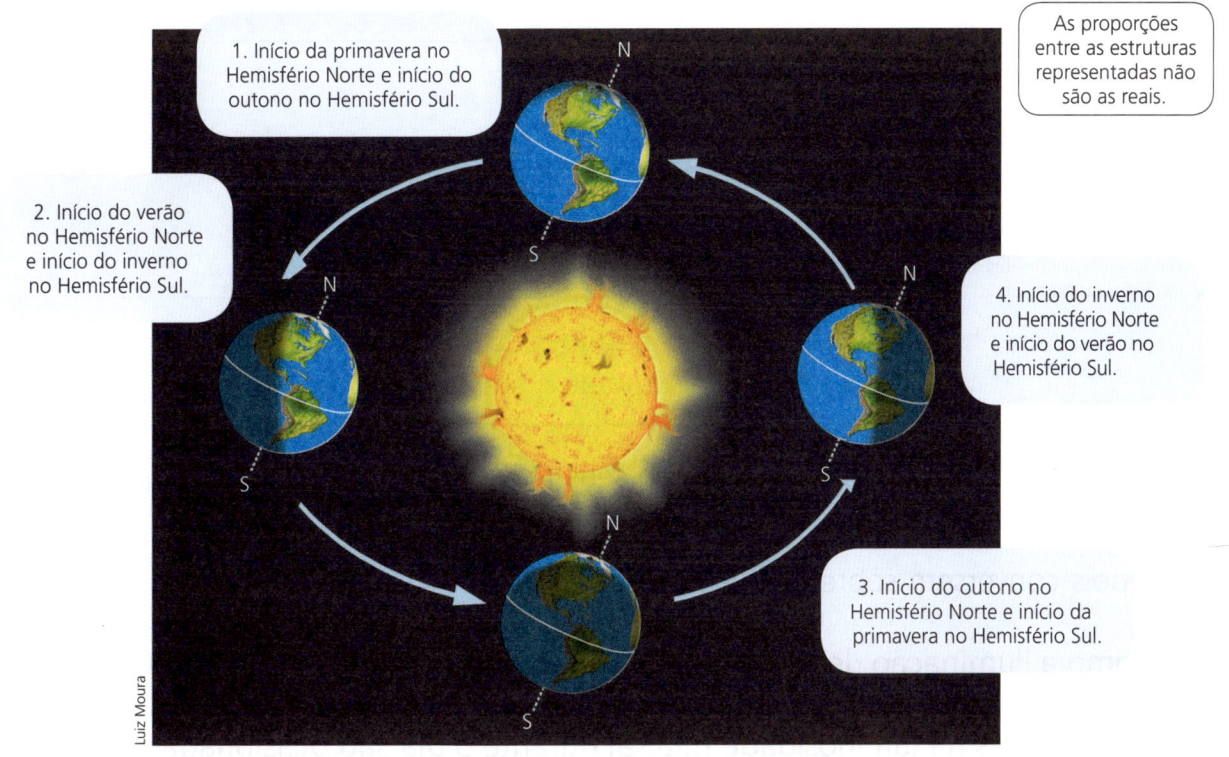

As proporções entre as estruturas representadas não são as reais.

1. Início da primavera no Hemisfério Norte e início do outono no Hemisfério Sul.

2. Início do verão no Hemisfério Norte e início do inverno no Hemisfério Sul.

3. Início do outono no Hemisfério Norte e início da primavera no Hemisfério Sul.

4. Início do inverno no Hemisfério Norte e início do verão no Hemisfério Sul.

▶ Esquema simplificado do movimento de translação da Terra que mostra quatro posições ocupadas por ela no ano.

Na prática

Parte 1 – Movimento aparente do Sol

Para percebermos o movimento aparente do Sol ao longo do dia, devemos prestar atenção em diversas características, por exemplo, as sombras e os locais onde a luz chega. Vamos fazer uma atividade para perceber esse movimento?

1. Observe a iluminação de um cômodo da sua casa pela luz do Sol – ou seja, a luz que entra pela porta e pelas janelas – em um dia ensolarado.

▶ Coleta de dados de iluminação em um cômodo.

2. Escolha quatro horários durante o dia e observe a iluminação natural no cômodo escolhido. Registre no quadro a seguir os horários nos quais fez as observações e as características do ambiente, por exemplo, se havia muita ou pouca luz, por onde ela entrava, que móveis estavam iluminados por ela. Uma sugestão de horários para as observações é: 8 horas, 12 horas, 15 horas e 17 horas.

Horário	Informações

3. No dia marcado pelo professor, traga seus registros para a escola e mostre-os aos colegas.

Depois conversem sobre as questões a seguir.

1. Como a iluminação dentro do cômodo observado mudou ao longo do dia?

2. As variações na luminosidade natural durante o dia são ocasionadas pelo movimento do Sol ou da Terra?

Parte 2 – Simulação do movimento aparente do Sol

O Sol, outras estrelas, a Lua e os planetas, todos nascem no lado leste e se põem no lado oeste. A sensação que temos é que eles giram em torno da Terra, não é?

Entretanto, é a Terra que gira em torno de seu eixo. Ela gira de oeste para leste e dá a impressão de que os astros estão girando no sentido contrário.

Vamos fazer uma atividade para entender melhor esse movimento?

1. No pátio da escola, formem uma roda. Um aluno deve ficar no centro.
2. Aquele que estiver no centro deve girar para seu lado esquerdo e observar os colegas na roda à sua volta.
3. Um a um, todos os alunos devem ir ao centro da roda e fazer a atividade prestando bastante atenção.

▶ O aluno que está no centro gira para o lado esquerdo.

Depois, individualmente, respondam às questões a seguir.

1 Enquanto você girava, que impressão teve a respeito dos colegas?

_____

2 Para que lado os colegas pareciam girar?

_____

3 É possível fazer um paralelo entre os colegas e os astros, como o Sol, outras estrelas e a Lua? Explique.

_____
_____
_____
_____

Atividades

As proporções entre as estruturas representadas e as cores não são as reais.

1 Nas imagens a seguir estão representados dois dos movimentos da Terra. Observe-os com atenção e identifique-os. Em seguida diferencie esses dois movimentos.

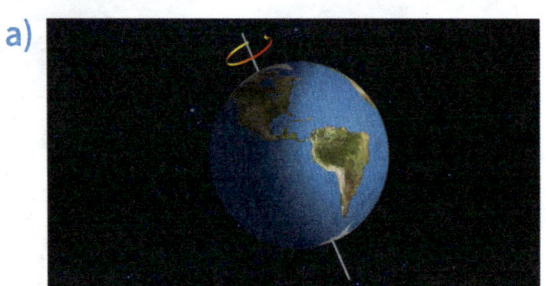

a)

▶ Representação do planeta Terra.

b)

▶ Representação do planeta Terra e do Sol.

Ilustrações: Luis Moura

_____

_____

_____

2 Que brinquedos você conhece que fazem esses movimentos?

_____

_____

3 Faça uma ilustração e escreva uma legenda para explicar o movimento aparente do Sol em relação à Terra.

_____

4 Esta pintura, chamada *Noite estrelada sobre o Ródano*, é de 1888 e foi feita pelo pintor holandês Vincent van Gogh. Ela retrata o céu noturno com efeitos de luz e as águas do Rio Ródano, que corta a cidade de Arles, na França.

▶ Vincent van Gogh. *Noite estrelada sobre o Ródano*, 1888. Óleo sobre tela, 92 cm × 72,5 cm.

Observe com atenção a imagem e faça o que se pede.

a) O que são os pontos iluminados que aparecem no céu?

_____

b) O que são as luzes amarelas nas águas do rio?

_____

c) Agora, inspire-se nessa obra de Van Gogh e faça um desenho no quadro abaixo que retrate uma paisagem noturna de sua preferência e os astros que você enxerga no céu. Use a criatividade e não se esqueça de compor uma legenda para o desenho.

_____

_____

CAPÍTULO 3
Lua: suas fases e o calendário

As fases da Lua e sua influência no dia a dia

Imagine-se numa floresta à noite. Agora, pense no céu e naquela figura enorme brilhante que ilumina vagamente as folhas das árvores... Pronto! Você já entendeu por que a Lua é o segundo astro mais importante para os índios: nada é mais atraente do que ela no céu! [...]

Mas para os índios as fases da Lua significam ainda mais. A observação constante da natureza permitiu a eles saber, por exemplo, que na Lua cheia os bichos ficam mais agitados pelo excesso de luz e por isso são presas mais fáceis.

Como vimos, o conhecimento dos índios é fruto de uma atenta observação da natureza. Os cientistas chamam esse método de conhecimento empírico – ou aquele que é deduzido a partir da repetição constante de certos fenômenos. Por muito tempo, os indígenas notaram que no período de Lua nova há menos mosquitos, por exemplo. Logo, deduziram que esses insetos agem pouco nessa fase lunar. Isso é um conhecimento empírico! [...]

▶ Índio observa a Lua no céu.

Maria Ganem. As fases da Lua e sua influência no dia a dia. *Ciência Hoje das Crianças*, 17 out. 2002. Disponível em: <http://chc.org.br/as-fases-da-lua-e-sua-influencia-no-dia-a-dia>. Acesso em: 26 abr. 2019.

1. Leia o texto com o professor, converse sobre ele com os colegas e, no caderno, registre o que se pede.

    a) Observando as fases da Lua e a natureza, os povos indígenas adquiriram conhecimentos que utilizam no dia a dia. Cite dois desses conhecimentos.

    b) Escreva o nome de alguma atividade humana relacionada com as fases da Lua.

A Lua e suas fases

A Lua é o satélite natural de nosso planeta. Assim como a Terra, ela é iluminada pela luz do Sol. Ela também realiza o movimento de rotação. A Lua demora aproximadamente o período de um mês aqui na Terra para dar uma volta completa em torno dela mesma. No lado voltado para o Sol é o **dia lunar** e no lado da escuridão temos a **noite lunar**. O brilho da Lua visto por nós é o reflexo dessa luz.

Além disso, ela realiza movimento de translação ao redor da Terra. Devido a esse movimento, a luz solar que ela reflete é percebida por nós, observadores terrestres, com diferentes aspectos, denominados **fases da Lua**.

Observe a imagem do calendário com fases da Lua no mês de dezembro de 2019.

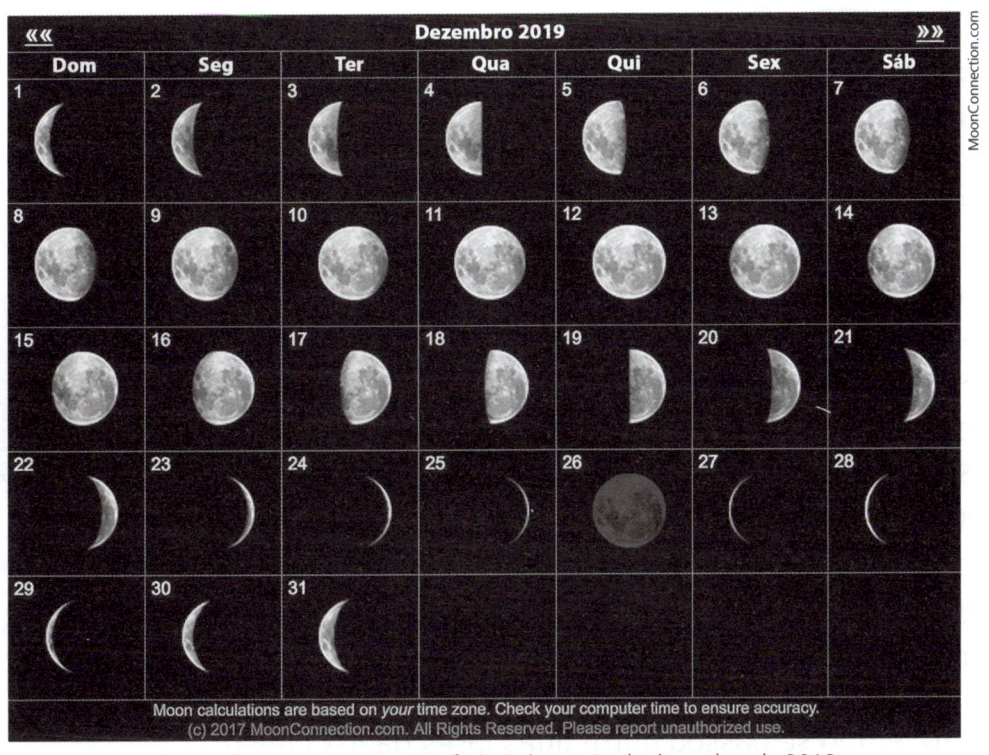

▶ Representação das fases da Lua no Hemisfério Sul no mês de dezembro de 2019.

Note que nesse mês a Lua chega à fase **quarto crescente** no dia 4 e, nos dias seguintes, a parte que vemos de seu lado (ou face) iluminado pelo Sol vai se ampliando até atingir a fase de **lua cheia**, no dia 12. Nesse dia, sua face iluminada pelo Sol está inteira voltada para a Terra e, portanto, pode ser vista por nós (é o dia lunar).

Em seguida, a parte da face iluminada visível por nós começa a diminuir e chega à fase **quarto minguante**, no dia 19 (assume a forma da letra D). A partir daí, a parte visível vai ficando cada vez menor e atinge a **lua nova**, no dia 26. Nessa fase não vemos a Lua, pois sua face voltada para a Terra está na escuridão (é a noite lunar). Em seguida, a parte visível começa a aumentar gradativamente (parece a letra C), seguindo para o **quarto crescente**.

Na prática

Para constatar fenômenos naturais, nada melhor do que a observação. Então, vamos observar a Lua para ver como ela muda de aspecto.

Material:

- calendário atual;
- 2 cartolinas;
- régua;
- canetas;
- lápis de cor.

Procedimento

1. Em uma das cartolinas, desenhe um quadro com o calendário do mês, deixando espaços para o desenho da Lua nas diferentes fases.
2. Na outra cartolina, desenhe o calendário do mês seguinte da mesma forma que o anterior.
3. Durante dois meses, observe diariamente os aspectos da Lua. Desenhe-a representando a parte iluminada e a sombreada.
4. Verifique, em cada fase, o horário em que ela aparece no céu.

Depois, faça o que se pede a seguir.

▶ Menino registra as observações diárias das fases da Lua.

1 Quanto tempo se passou entre duas fases da lua cheia?

_____

2 A Lua aparece no céu apenas à noite?

_____

_____

_____

3 Organize, com os colegas e o professor, uma exposição dos calendários lunares na sala de aula e façam uma análise do conjunto.

Atividades

1 Leia os versos e depois responda às questões.

> A Lua, se é hoje inteira,
> amanhã, vem por metade;
> e, assim, vai escasseando,
> vai minguando, vai minguando,
> até sumir-se, de vez!
>
> Catulo da Paixão Cearense. *O Sol e a Lua*.
> Rio de Janeiro: A Noite, 1946.

a) A Lua tem diferentes aspectos, que chamamos de fases. Quantas são as fases principais e que nome elas recebem?

_____

b) Por que a Lua aparece de formas diferentes?

_____

_____

_____

2 Os calendários a seguir mostram as fases da Lua entre os meses de agosto e setembro de 2019. Analise os calendários e responda às questões.

▶ Calendário de agosto de 2019 que mostra as fases da Lua.

▶ Calendário de setembro de 2019 que mostra as fases da Lua.

a) Qual é o intervalo de dias entre duas fases de lua cheia?

_____

b) A fase de lua nova ocorre quantas vezes nesse período? Em quais dias? Qual é o intervalo de tempo entre esses dias?

_____

CAPÍTULO 4
Estudando as constelações

Brincando com as estrelas

Observe a imagem abaixo, que mostra o céu estrelado de uma região brasileira. Na imagem, podemos ver inúmeras estrelas.

▶ Céu estrelado no Hemisfério Sul, visto de um campo de araucárias na cidade de Cunha (SP), 2014.

1. Você consegue identificar o formato de algum elemento conhecido formado pelas estrelas na fotografia acima?

2. Que outros desenhos você já observou ao olhar as estrelas?

3. Você sabe como se denominam as figuras imaginárias que se formam quando agrupamos certas estrelas?

O que são constelações

As imagens não estão representadas na mesma proporção e as cores não são reais.

Você já observou o céu em uma noite estrelada? Nele existem vários pontos luminosos – as estrelas, que apresentam um arranjo típico no espaço, e muitos dão a impressão de formar diferentes desenhos.

As **constelações** são fruto da imaginação dos diversos povos espalhados pelo planeta, que, ao longo dos séculos, imaginaram figuras ao unir com um traço imaginário as diferentes estrelas.

Elas auxiliaram os povos antigos a saber qual era a melhor época para caçar, pescar, plantar e colher. Isso é possível porque o movimento aparente das constelações no céu é cíclico e ocorre em períodos definidos do ano. Assim, o aparecimento de determinada constelação em certa época indicava o início das chuvas ou da seca.

▶ Imagem da Constelação Cruzeiro do Sul, que recebe esse nome porque tem o formato de cruz.

Ao norte da América do Sul, por exemplo, indígenas associavam o aparecimento da Constelação do Homem Velho ao início da temporada de chuvas, o que correspondia à época das cheias nos rios.

No Brasil é bem visível um grupo de estrelas que formam o desenho parecido com uma cruz, chamado Cruzeiro do Sul. Apesar de ser uma constelação pequena, o Cruzeiro do Sul é muito importante para os povos do Hemisfério Sul por ser utilizado como meio de orientação: a ponta maior da cruz aponta para o Polo Sul.

Para facilitar a localização das constelações foram criadas as **cartas celestes**. Elas são utilizadas há muito tempo e apresentam duas configurações: a do céu do Hemisfério Sul e a do céu do Hemisfério Norte. As cartas celestes devem ser usadas de acordo com o hemisfério terrestre em que está o observador.

▶ Carta celeste referente ao Hemisfério Sul. Em destaque, a Constelação Cruzeiro do Sul.

Algumas constelações

Assim como podem ser referência de localização (lembre-se do Cruzeiro do Sul, que é utilizado para localizar a direção sul; no Hemisfério Norte, temos a estrela Polar, que indica a direção do Polo Norte Celeste), as constelações são usadas como referência de tempo. Isso acontece porque elas aparecem com regularidade no céu, no período de um ano. Esse é um movimento aparente das estrelas, pois, como você já estudou, o que se movimenta é nosso planeta.

Em virtude do movimento de rotação da Terra, percebemos, no início da noite, muitas estrelas de um lado do céu. Mas, de madrugada, esses astros já estão em outra posição.

As constelações que não estão visíveis à noite aparecem no céu durante o dia. No entanto, como o Sol está muito próximo de nós, o brilho de sua luz ofusca o brilho de outras estrelas mais distantes e não podemos vê-las.

Já devido ao movimento de translação de nosso planeta, percebemos que as constelações ficam mais ou menos visíveis de acordo com o período do ano.

Como exemplo, podemos citar a Constelação de Escorpião, visível durante o inverno no Hemisfério Sul, e a Constelação de Órion, visível durante o verão no Hemisfério Sul.

Escorpião, Órion e Cruzeiro do Sul são exemplos de constelações visíveis no céu do Brasil.

As imagens não estão representadas na mesma proporção e as cores não são reais.

▶ Desenho da Constelação de Escorpião, destacada por fios.

▶ Desenho da Constelação de Órion, destacada por fios.

No Brasil, diferentes povos indígenas usam ou usaram as constelações para identificar a chegada das estações do ano. Como uma espécie de agenda, eles as usavam para saber se estavam chegando os melhores períodos para caçar, pescar, plantar e colher. As constelações também foram – e ainda são – usadas como importantes meios de orientação espacial para os navegadores em alto-mar.

Um pouco mais sobre

As imagens não estão representadas na mesma proporção e as cores não são reais.

Diferentes culturas, diferentes constelações

O nome das constelações está associado à cultura de cada povo. Os diferentes povos indígenas brasileiros, por exemplo, nomearam as constelações de acordo com seus mitos, lendas e costumes.

Para algumas comunidades, as estrelas que formam o Cruzeiro do Sul não representam uma cruz, mas fazem parte de outros desenhos criados por eles com base naquilo que conhecem, podendo representar a Constelação da Ema, por exemplo.

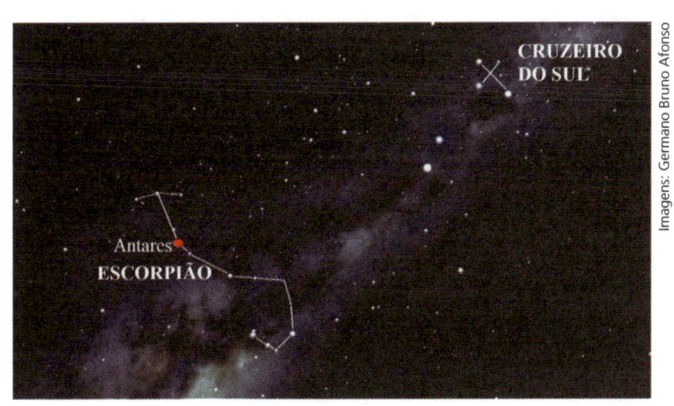

▶ Representação da Constelação de Escorpião e do Cruzeiro do Sul.

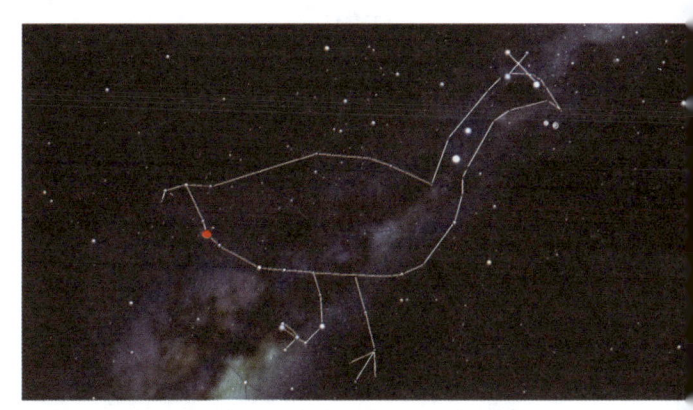

▶ Representação indígena da Constelação da Ema.

1 Veja na imagem a seguir uma das constelações nomeadas pelos indígenas tupis-guaranis. Ao observar o desenho formado no céu, que nome você acha que os indígenas deram a ela: Pata da Ema, Homem Velho ou Arco e Flecha? Lembre-se de que o nome tem a ver com a figura formada no céu.

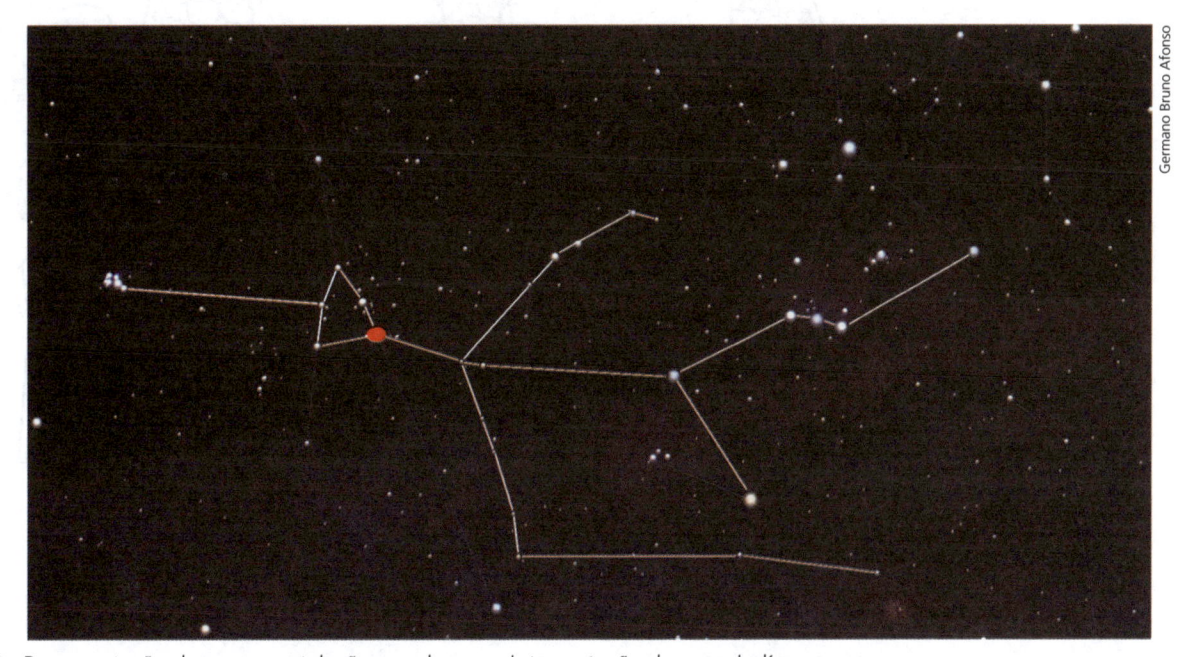

▶ Representação de uma constelação com base na interpretação do povo indígena.

Na prática

Segundo a União Astronômica Internacional, existem 88 constelações oficiais, divididas entre os hemisférios Norte e Sul.

Vamos conhecer algumas delas.

1. Faça uma pesquisa, com os colegas, sobre cinco constelações e preencha o quadro com as informações.

Nome	Visível em qual hemisfério?	Época do ano em que fica visível

2. Após o preenchimento do quadro, escolha uma constelação e monte, em uma folha de papel, uma representação dela. Utilize bolinhas de papel-alumínio, palito de dentes e cola ou fita adesiva para criar o modelo.

▶ Alunos montam as representações de constelações.

3. Após todos terem montado o modelo de sua constelação, conte à turma as informações que você encontrou em sua pesquisa.

Atividades

1 O que são constelações?

_____

2 Encontre no diagrama de palavras o nome de três constelações visíveis no céu do Brasil.

X	R	Ã	A	F	L	S	N	D	E	S	D	J
W	X	X	L	K	O	Ã	I	U	N	Y	V	E
Q	C	I	S	A	C	K	L	R	T	C	L	Z
D	B	E	S	C	O	R	P	I	Ã	O	M	F
L	G	Y	W	R	M	D	S	T	Q	D	R	B
I	I	Q	M	V	O	O	N	T	E	L	A	X
M	Ó	T	O	R	Ç	R	J	U	P	U	D	C
E	R	R	Ã	Q	Ã	K	A	B	E	M	O	J
N	I	M	O	N	O	O	C	O	M	Ó	U	S
T	O	S	P	T	G	Q	Ó	R	I	E	R	D
O	N	Q	Ç	Ã	Y	G	Ã	U	U	R	I	Q
A	C	D	E	R	M	K	S	L	L	O	P	K
C	R	U	Z	E	I	R	O	D	O	S	U	L

3 Nas próximas noites, se não houver nuvens, olhe para o céu e, observando as estrelas, tente identificar um desenho formado por elas. Reproduza o desenho e dê um nome a ele. Esta vai ser sua constelação.

#Digital

Programas e aplicativos que nos ajudam a entender o céu

Você sabia que pode conhecer as constelações que vê no céu usando programas e aplicativos? Um desses programas é o Stellarium, que pode ser baixado em qualquer computador ou *notebook*. Com ele, você pode ver o movimento aparente do céu no exato momento de sua pesquisa ou em qualquer dia anterior, além de conhecer melhor as constelações e ver os astros mais de perto.

O programa é gratuito e está disponível em: <www.stellarium.org/>. Acesso em: 25 abr. 2019.

Explore o céu com o Stellarium

Agora que você já instalou o Stellarium no seu computador, vamos fazer algumas atividades para que possa entender o funcionamento desse programa e, ao mesmo tempo, saber mais do que vê no céu.

> É importante comentar que as atividades a seguir são apenas exemplos de possibilidades de uso e descobertas que você pode fazer com o Stellarium. Explore-o!

Ao abrir o programa pela primeira vez, para que ele mostre o céu de sua localidade, clique o botão de localização no menu lateral (ou "F6" no teclado) e siga as instruções.

1. Escreva o nome da cidade onde você mora ou clique em sua localidade no mapa. Pronto, agora você está vendo o céu de onde está.

2. Localize, na barra inferior, os botões que ativam e desativam os modos superfície (o chão), pontos cardeais e atmosfera.

   a) Desative o modo atmosfera.
      - Descreva o que aconteceu.
      - Por que isso acontece?

   b) Desative o modo superfície.
      - Descreva o que aconteceu.
      - Como fica a observação com o modo superfície desativado? Mais fácil ou mais difícil?

▶ Botões dos modos superfície, pontos cardeais e atmosfera.

3. Agora localize, na barra inferior, os botões do modo tempo.

O primeiro botão faz o programa voltar no tempo, o segundo faz o tempo correr normalmente, o terceiro retorna para o tempo atual e o quarto adianta o tempo. Se você clicar mais de uma vez no primeiro ou no último botão, o tempo volta ou adianta rapidamente. Caso você se "perca" no tempo, é só apertar o terceiro botão e tudo volta ao normal.

▶ Botões do modo tempo.

4. Arraste a tela do Stellarium para ficar de frente para o sul. Agora use o botão de rolagem do *mouse* para se afastar o máximo possível (isso também pode ser feito com as teclas CTRL + ↓). Neste momento, deve ser possível ver na tela o leste à esquerda, o sul no centro e o oeste à direita. Clique três vezes no terceiro botão para acelerar o tempo e acompanhe o movimento do céu por alguns minutos.

   ◆ Escreva no caderno três fenômenos que chamaram sua atenção.
   ◆ Em qual ponto cardeal os astros "nascem" e em qual eles "se põem"? Por que isso acontece?

5. Localize o céu no dia de seu nascimento.

   Localize, na barra lateral, o botão de data e hora. Clique e selecione o dia, mês e ano de seu nascimento. Agora observe o céu desse dia.

   ◆ Algum planeta estava visível na noite do dia em que você nasceu?

6. Na barra inferior, clique nos botões de nome das constelações e de arte das constelações.

   ▶ Botão do modo data e hora.

   ◆ Agora escreva o nome da constelação que estava nascendo no lado leste e o nome da que estava se pondo no lado oeste na hora em que você nasceu.

Para conhecer melhor as funcionalidades e os botões do programa, você pode usar um tutorial criado pelo Grupo de Astronomia Sputnik. Disponível em: <http://gruposputnik.com/USP-Escola/Stellarium/TC%201%20-%20Stellarium.pdf>. Acesso em: 25 abr. 2019.

▶ Botões dos modos nome e arte das constelações.

Hora da leitura

Tchau, Sistema Solar!

▶ Representação da sonda espacial Voyager 1.

Há muito tempo, quando você nem era nascido, duas sondas espaciais foram lançadas no Sistema Solar pela agência espacial norte-americana, a Nasa. Era 1977 e sua missão era fotografar planetas que até então os astrônomos conheciam pouco: Júpiter, Saturno, Netuno e Urano.

Batizadas de Voyager 1 e Voyager 2, foram elas que descobriram que Júpiter também tinha anéis e que existiam vulcões fora da Terra. Depois dessas grandes descobertas, elas seguiram rumo ao espaço interestelar. Foram 36 anos de viagem até que finalmente a Voyager 1 chegou lá! [...]

Sondas espaciais não são tripuladas por humanos, mas controladas por computador. Agora a Voyager 1 é a primeira criação humana a entrar no espaço **interestelar**. [...]

Daqui a alguns anos, por volta de 2025, os motores das sondas vão parar de funcionar e elas perderão também a comunicação com a Terra. Quando isso acontecer, passarão a orbitar em torno do centro da Via Láctea. [...]

O fim das sondas pode parecer um pouco triste, mas, com certeza, elas têm um caminho muito legal pela frente!

Glossário

Interestelar: que se localiza entre as estrelas.

Camille Dornelles. Tchau, Sistema Solar. *Ciência Hoje das Crianças*. Disponível em: <http://chc.org.br/tchau-sistema-solar/>. Acesso em: 25 abr. 2019.

1. Qual é a importância dessas sondas para as pesquisas espaciais?

2. As sondas Voyager 1 e 2 vão parar de funcionar em 2025. Quanto anos você terá?

3. Você acredita que até lá novos instrumentos serão criados para estudar o Universo? Explique.

CIÊNCIAS em ação

Vivendo a Astronomia

Leia a entrevista com a astrônoma Elysandra Figueredo Cypriano.

Elysandra Figueiredo Cypriano

1. Por que você estudou Astronomia?

Porque a Astronomia é uma ciência dinâmica e, a cada pergunta que se responde, novas perguntas se iniciam. Temos ainda muito o que aprender sobre nós mesmos e, para isso, teremos de olhar para as estrelas e para tudo o que nos rodeia. Já avançamos muito em nosso entendimento do Universo, mas tudo o que sabemos não passa de uma parcela muito pequena do que ele realmente é. O estudo na área de Astronomia também é muito importante porque já impulsionou avanços tecnológicos que são amplamente utilizados hoje pela sociedade, por exemplo, o desenvolvimento da tecnologia dos raios X, muito explorada pela Medicina, e as câmeras de qualquer aparelho celular. Além disso, tenta buscar respostas a perguntas como: De onde viemos? Qual é o nosso destino? Estamos seguros em nosso planeta? Estamos sós no Universo? Vale lembrar que o Brasil produz muito conhecimento na área de Astronomia.

▶ Elysandra Figueiredo Cypriano, professora de Astronomia da Universidade de São Paulo (IAG-USP).

2. Em sua opinião, existe vida fora do planeta Terra?

O Universo é extraordinariamente grande, e os materiais necessários para construir a vida são abundantes nele. Assim, acredito que é difícil encontrar uma razão para sermos únicos. Ainda não temos muitas pistas, mas descobrir evidências de vida em outros planetas é um dos grandes desafios da Astronomia para as próximas décadas.

3. Você poderia indicar um livro ou um filme a crianças que gostam de Astronomia?

A série *Cosmos*, que originalmente foi apresentada por Carl Sagan, e livros de autoria dele são fontes que me inspiraram na infância. Carl Sagan é certamente um dos responsáveis por eu dedicar minha vida à Astronomia.

1 Você sabia que o Brasil tem dois centros de lançamento de foguetes? Em dupla, pesquise o nome de cada um desses centros e onde estão localizados. Tragam também outras informações que acharem interessantes sobre eles. Depois apresentem à turma a pesquisa de vocês.

Revendo o que aprendi

1 Complete o diagrama a seguir com invenções tecnológicas que são utilizadas cientificamente e auxiliam o estudo do Universo e do corpo humano.

1. Instrumento usado para observar objetos no céu.
2. Instrumento usado para observar por cima de obstáculos.
3. Equipamento criado para viajar pelo espaço e enviar informações para a Terra.
4. Equipamento usado para gravar imagens.
5. Lente de aumento que permite observar detalhes.
6. Aparelho usado para observar seres ou materiais muito pequenos.
7. Equipamentos hospitalares modernos usam imagens para o... de muitas doenças.
8. Possibilita que astronautas morem durante um tempo no espaço.

2 Por que o movimento diário do Sol é denominado de "movimento aparente"?

_____

_____

_____

_____

3 Preencha o diagrama a seguir com informações de cada um dos movimentos da Terra estudados.

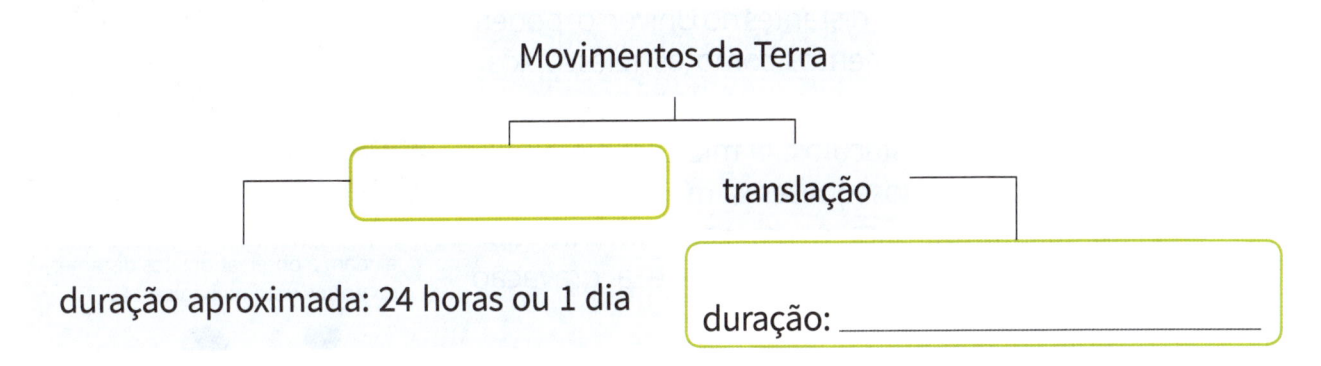

Movimentos da Terra

☐   translação

duração aproximada: 24 horas ou 1 dia

duração: _____

4 Reconheça as fases da Lua representadas a seguir e faça o que se pede.

a) Escreva abaixo de cada imagem a fase da Lua correspondente no Hemisfério Sul.

_____   _____

b) Assinale a(s) afirmativa(s) correta(s).

☐ A fase da lua nova dificilmente é observada da Terra, pois a face iluminada do astro não está voltada para nosso planeta.

☐ A lua minguante, quando observada do Hemisfério Sul, aparece parcialmente no céu e forma um D, como na segunda imagem.

☐ A fase quarto crescente ocorre entre as fases da lua nova e da lua cheia.

5 Em relação às constelações, escreva **V** nas frases verdadeiras e **F** nas falsas.

☐ Constelações são desenhos imaginários formados pelas estrelas no céu.

☐ Cruzeiro do Sul, Órion e Escorpião são exemplos de constelação, mas não podemos vê-los do Brasil.

☐ As constelações podem ser usadas para localização.

☐ As constelações são usadas para orientação em navegação em alto-mar.

Nesta unidade vimos

- Para observar objetos distantes no Universo, podem ser utilizados instrumentos como os telescópios.
- O periscópio é um equipamento que auxilia a enxergar além de obstáculos. O microscópio amplia imagens de objetos ou seres muito pequenos. A câmera fotográfica é um equipamento que possibilita o registro de imagens e a gravação delas em suportes diversos.
- Os avanços da Ciência, com a criação de equipamentos sofisticados, têm auxiliado muito os médicos na definição de diagnósticos mais precisos e tratamentos mais eficazes.
- A Terra realiza movimentos, como o de rotação e o de translação, mas nossa impressão é a de que os outros astros, como a Lua e o Sol, é que se movimentam. Por isso, denominamos de "movimento aparente do Sol" seu trajeto diário.
- Devido às posições da Lua, da Terra e do Sol, o brilho da luz solar refletido pela Lua muda para nós, observadores terrestres. Chamamos essas mudanças no aspecto dela de fases da Lua.
- Os desenhos imaginários formados pelas estrelas no céu são chamados de constelações e podem ser representados com o auxílio de cartas celestes. As constelações são usadas em pesquisas espaciais, mas antigamente serviam para determinar períodos de pesca, de caça, de plantio, entre outros.

▶ Telescópios são equipamentos que nos ajudam a observar objetos distantes, conforme visto na página 149.

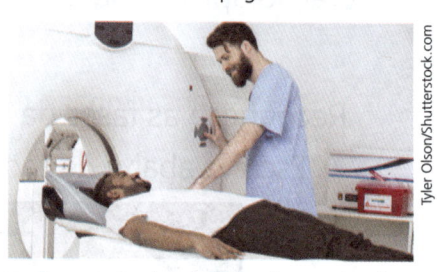

▶ Fotografia de aparelho de tomografia, conforme visto na página 162.

▶ Fotografia da Constelação de Órion, conforme visto na página 176.

Para finalizar, responda:

- De que forma a tecnologia nos auxilia no dia a dia?
- Qual é a relação entre o movimento da Terra e o movimento aparente do Sol?
- O que faz a Lua apresentar aspecto diferente ao longo dos dias do mês? Que nome damos a esse fenômeno?
- Se as estrelas são as mesmas, quando observadas no mesmo hemisfério, por que diferentes culturas dão nomes diferentes às constelações?

Para ir mais longe

Livros

▶ **O sumiço da Lua**, de Manuel Filho. São Paulo: Editora do Brasil, 2014.

Uma noite, a Lua desaparece do céu e todos ficam intrigados. Três crianças investigam o sumiço e conhecem uma lenda indígena que explica o surgimento da Lua.

▶ **O mais sensacional guia intergaláctico do espaço**, de Carole Stott. São Paulo: Companhia das Letrinhas, 2011.

O livro aborda o início do Universo, os astros que o compõem e a exploração espacial.

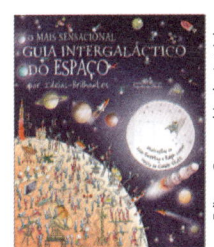

Site

▶ **Montando a luneta de lentes de óculos**: <www.oba.org.br/site/?p=conteudo&pag=conteudo&idconteudo=580&idcat=11&subcat=>.

Página do *site* da Olimpíada Brasileira de Astronomia e Astronáutica que disponibiliza vídeos sobre como fazer uma luneta.

Visitação

▶ **Museu de Astronomia e Ciências afins. Rio de Janeiro, Rio de Janeiro.**

Museu com exposições permanentes e itinerantes cujos temas são relacionados à astronomia e à tecnologia. Há sessões para observação do céu noturno, além de visitas às instalações do Observatório Nacional. Mais informações em: <www.mast.br/>.

▶ **Guia de Centros e Museus de Ciências do Brasil.**

Para outros museus brasileiros, consulte: <www.casadaciencia.ufrj.br/Publicacoes/guia/Files/guiacentrosciencia2015.pdf>.

Atividades para casa

Unidade 1

Capítulo 1: Materiais e suas propriedades

1 Complete o diagrama de palavras relacionado às propriedades dos materiais.

1. Capacidade de um ímã atrair outros ímãs ou certos tipos de metal.
2. Relação entre a massa e o volume.
3. Tipo de condutibilidade relacionada à capacidade de conduzir calor.
4. Tipo de condutibilidade relacionada à capacidade de conduzir eletricidade.
5. Capacidade de alguns materiais, como o papel, de absorver água.
6. Característica que confere à água a capacidade de dissolver outras substâncias.
7. Capacidade de algumas substâncias, como a água, de dissolver outras substâncias.
8. Substância que dissolve outra, como a água, que dissolve o açúcar.

```
        1  M
    2      A
        3  T
        4  E
      5    R
  6      * I
      7    A
        8  L
```

2 Escreva o nome de materiais que apresentam as características abaixo.

a) Bons condutores de eletricidade: _____.

b) Maus condutores de eletricidade: _____.

c) Bons condutores de calor: _____.

d) Maus condutores de calor: _____.

Capítulo 2: A água na natureza

1 Observe as imagens a seguir: elas retratam várias utilidades da água e a importância desse recurso para os seres vivos.

a) Quais são as possíveis utilidades da água representadas nas imagens?

_____

_____

b) Cite outras utilidades da água.

_____

c) Se a água de algum desses locais desaparecesse ou se tornasse inadequada para a vida, o que aconteceria com os seres vivos?

_____

_____

_____

2 No caderno, faça um desenho que represente o ciclo da água e escreva um texto explicativo sobre esse ciclo.

3 Cite algumas ações humanas que comprometem a qualidade da água.

_____

_____

Capítulo 3: O solo e os impactos ambientais

1 Numere, na ordem em que ocorrem, as etapas de formação do solo.

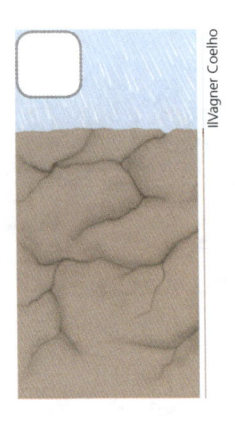

2 Marque um **X** nas frases corretas.

☐ A degradação decorre do uso incorreto do solo.

☐ O desmatamento pode servir para liberar áreas para plantio e criação de animais, porém prejudica o equilíbrio ambiental.

☐ As queimadas podem auxiliar na retirada de restos de plantas para um novo plantio, porém prejudicam o solo.

☐ A erosão é o desgaste do solo.

3 A imagem a seguir mostra uma situação frequente em alguns locais do Brasil quando há fortes chuvas: desmoronamentos – ou deslizamentos – de encostas de morros. Esses eventos podem se tornar verdadeiras tragédias, levando à morte de muitas pessoas, além de destruir moradias, ruas, dificultar o acesso a escolas e hospitais, entre outros problemas.

Responda às seguintes questões no caderno.

a) Você já viu ou ouviu notícias sobre deslizamentos? Por que eles ocorrem? Por que as pessoas moram nessas áreas de risco?

b) Em sua opinião, o que pode ser feito para evitar que pessoas percam a moradia ou até mesmo a vida em acidentes como esses?

▶ Deslizamento de terra em São Paulo (SP), 2019.

Capítulo 4: Consciência ambiental

1 As imagens e as falas a seguir mostram formas adequadas de descarte do lixo. Identifique-as indicando o nome dessas atitudes corretas.

a) Vou usar esse pote de vidro para guardar balas.

b) Precisamos separar esses materiais, assim poderão ser levados para as indústrias corretas.

c) Você precisa usar os dois lados da folha do caderno.

_____   _____   _____

2 Observe as imagens a seguir e faça o que se pede.

A — PAPEL | METAL | PLÁSTICO | VIDRO | MATERIAL NÃO RECICLÁVEL

B

C

a) Escreva no caderno uma legenda para cada uma delas.

b) Marque um **X** nas imagens que mostram formas corretas de descarte do lixo. Justifique sua escolha.

_____
_____
_____
_____

c) Qual imagem representa o descarte incorreto do lixo? Por quê?

_____
_____

Unidade 2

Capítulo 1: Os alimentos em nossa vida

1 Responda: Por que é importante variar os tipos de alimento consumidos?

_____

2 Observe alguns dos alimentos que Juliana consumiu ontem.

▶ Café da manhã.   ▶ Almoço.   ▶ Lanche.   ▶ Jantar.

◆ Podemos dizer que, com esse cardápio, ela se alimentou corretamente? Justifique sua resposta.

_____
_____

3 Identifique e anote os nutrientes que desempenham no organismo as funções citadas a seguir.

a) São fontes de matéria-prima para a formação das células.

_____

b) Fazem parte da constituição celular e servem de reserva de energia.

_____

c) Regulam o funcionamento do organismo.

_____

4 Cite duas vantagens e duas desvantagens de ingerirmos alimentos industrializados.

_____
_____

Capítulo 2: Cultura alimentar

1 Explique qual é a relação entre alimentação e cultura.

_____

_____

_____

2 Reconheça a região do Brasil a que pertence cada prato típico mostrado a seguir.

▶ Churrasco e chimarrão.

▶ Pato ao tucupi.

▶ Arroz com pequi.

_____   _____   _____

▶ Moqueca de peixe.

▶ Baião de dois.

_____   _____

3 Pergunte a seus parentes o nome de uma comida típica que é herança dos familiares mais antigos. Escreva o nome da comida e a origem dela.

_____

_____

_____

_____

_____

Capítulo 3: Problemas relacionados à alimentação

1 Qual é a diferença entre desnutrição e obesidade?

_____

_____

2 Troque os números por letras e descubra o nome de três doenças relacionadas à má alimentação.

1	2	3	4	5	6	7	8	9	10	11	12	13	14	15	16	17	18	19	20
A	Ã	S	C	D	O	N	I	E	F	R	V	U	P	Ç	M	B	T	X	U

5-9-3-7-13-18-11-8-15-2-6 _____

1-7-9-16-8-1   10-9-11-11-6-14-11-8-12-1 _____

6-17-9-3-8-5-1-5-9 _____

3 Em relação às doenças associadas com a má alimentação, classifique as frases a seguir como verdadeiras ou falsas. Depois, corrija as afirmativas que você indicou como falsas.

☐ O consumo excessivo ou escasso de nutrientes pode levar a problemas de saúde.

☐ Devemos comer em grande quantidade o alimento de que mais gostamos, sem levar em conta os nutrientes que ele fornece.

☐ A anemia ferropriva decorre de uma dieta pobre em ferro.

☐ Entre os alimentos ricos em ferro, estão: batata, pão e suco de laranja.

☐ A obesidade pode causar doenças como diabetes e a problemas cardíacos.

_____

_____

Capítulo 4: O caminho do alimento

1 Leia o texto a seguir e faça o que se pede.

O tempo necessário para a digestão dos alimentos varia. Enquanto um sorvete de frutas demora 5 minutos para ser digerido, um prato de macarronada leva 2 horas. Já uma refeição com arroz, feijão e carne demora 3 horas para ser digerida. Quanto mais gorduroso o alimento, maior o tempo de digestão. Uma porção de *bacon*, por exemplo, leva cerca de 12 horas para ser digerida.

a) Explique o que é digestão.

_____

_____

_____

b) Cite um dos fatores que aumentam o tempo de digestão dos alimentos.

_____

c) Cite um alimento que você come e percebe que dificulta a digestão.

_____

2 Escreva o nome:

a) do intestino onde ocorre a absorção de nutrientes – _____;

b) da substância liberada na boca que inicia a digestão do amido – _____;

c) do intestino onde se formam as fezes – _____;

d) da glândula anexa situada abaixo do estômago – _____;

e) do tubo que realiza movimentos para conduzir o bolo alimentar até o estômago – _____;

f) do órgão onde ocorre a digestão de proteínas – _____;

g) do órgão comum aos sistemas digestório e respiratório – _____;

h) da parte inicial do tubo digestório – _____.

Unidade 3

Capítulo 1: Quem é vivo respira!

1 Localize na ilustração as estruturas do sistema respiratório listadas a seguir e coloque seu respectivo número no local correto, identificando a trajetória correta do ar dentro do corpo humano.

1. brônquios
2. traqueia
3. fossas nasais
4. alvéolo pulmonar
5. bronquíolos
6. laringe
7. faringe
8. pulmão

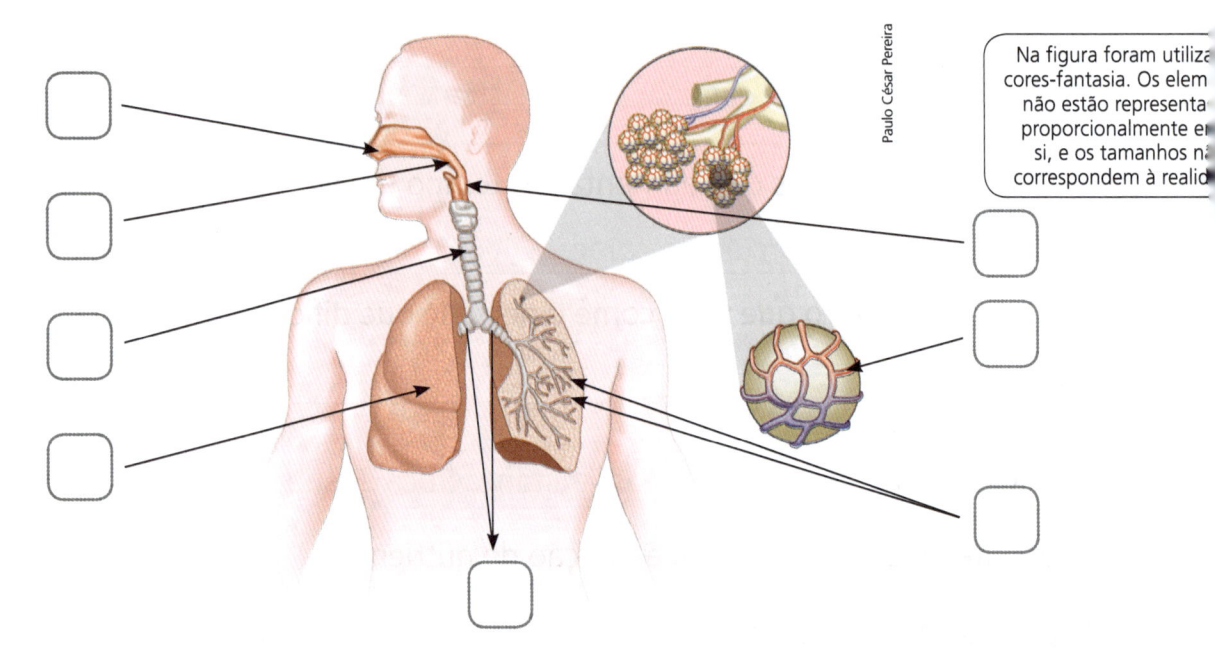

Na figura foram utiliza[das] cores-fantasia. Os elem[entos] não estão representa[dos] proporcionalmente e[ntre] si, e os tamanhos n[ão] correspondem à realid[ade].

Paulo César Pereira

2 O professor solicitou que cada aluno falasse sobre um dos movimentos da respiração. Francisco disse: "Na inspiração, o volume da caixa torácica aumenta". Joaquim complementou: "E na expiração, o volume da caixa torácica fica menor".

a) Eles estão certos? Justifique sua resposta.

_____

_____

b) Nenhum dos dois alunos falou sobre os músculos que ficam entre as costelas, nem sobre outro músculo muito importante para a respiração. Qual é esse músculo e onde ele se localiza?

_____

Capítulo 2: Circulação do sangue e excreção

1 Escreva as palavras às quais as frases a seguir se referem.

a) Conduz oxigênio para as células. _____

b) É responsável pela coagulação do sangue. _____

c) Órgão muscular que mantém o sangue circulando pelo corpo. _____

d) Vasos sanguíneos que levam sangue do coração para o corpo. _____

e) Responsáveis pela defesa do organismo. _____

f) Vasos sanguíneos que trazem sangue do corpo para o coração. _____

g) Líquido produzido e eliminado pelo sistema urinário. _____

h) Parte líquida do sangue. _____

i) Nome dado ao músculo do coração. _____

j) Câmaras inferiores do coração. _____

k) Câmaras superiores do coração. _____

l) Vasos sanguíneos finos que possibilitam a troca de substâncias entre as células e o sangue. _____

2 Responda às questões.

a) Qual é a função do sistema urinário?

_____

_____

b) Quais são os principais órgãos do sistema urinário e onde se localizam?

_____

_____

_____

Capítulo 3: O corpo também muda

1 Observe a tira a seguir e depois faça o que se pede.

a) O que você pode perceber quanto ao desenvolvimento das meninas ao ler essa tira?

_____

b) Que mudanças ocorreram no corpo da menina mais velha?

_____

c) Em sua opinião, também houve mudança no comportamento dessa menina?

_____

_____

2 Qual é o hormônio responsável pelas mudanças que ocorrem na puberdade?

a) Nos meninos: _____.   b) Nas meninas: _____.

3 Escreva no caderno uma mudança que ocorrerá no seu corpo durante a puberdade.

4 Identifique as estruturas dos sistemas genitais masculino e feminino indicadas pelas letras.

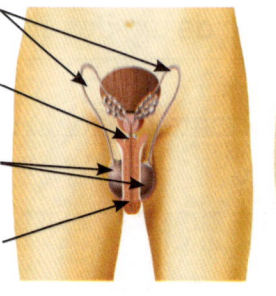

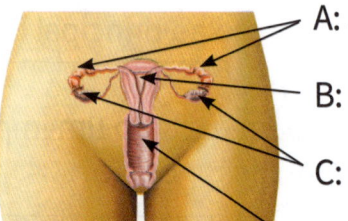

A: _____

B: _____

C: _____

D: _____

A: _____

B: _____

C: _____

D: _____

Capítulo 4: Os sistemas funcionam de maneira integrada

1 No corpo humano, os sistemas funcionam de maneira integrada (conjunta) e contínua (sem parar). Explique, de forma resumida, a relação de dependência entre os sistemas digestório, respiratório e cardiovascular.

_____

_____

_____

_____

2 Leia o texto a seguir e, no caderno, faça o que se pede.

Lá se vão 30 anos que o ginecologista e obstetra João Bento de Moura Neto realizou o seu primeiro parto. Mesmo assim, ele ainda se emociona com cada bebê que ajuda nascer. [...]

Considerando o corpo humano como uma máquina perfeita, ele cita como exemplo o coração — que bate sem parar do nascimento até a morte de qualquer indivíduo [...]

"Outro exemplo é a gravidez. O organismo aloja aquela célula inicial em um local perfeito, que é o útero, onde o bebê é cercado de todos os cuidados e recebe tudo o que precisa. Depois, quando a criança está formada, ela é expulsa dali por meio das contrações. Até o fato de as contrações serem **intermitentes** e não contínuas têm um motivo. A cada contração, as artérias uterinas, que levam o sangue para o bebê, são obstruídas, impedindo a passagem dos nutrientes. Por isso, é preciso que haja uma pausa entre uma e outra para que não falte nada para ele durante o trabalho de parto", explica. [...]

Glossário

Intermitente: com interrupções.

Disponível em: <www.folhadelondrina.com.br/cadernos-especiais/o-corpo-humano-e-uma-maquina-fantastica-626824.html>. Acesso em: 30 abr. 2019.

a) Por que o corpo humano pode ser considerado uma máquina perfeita?

b) O texto faz menção ao principal órgão de um dos sistemas do corpo humano. Que sistema é esse?

c) No texto também é citado um importante órgão do sistema genital feminino. Qual é o nome desse órgão?

d) Que exemplo de integração presente no texto existe entre o sistema cardiovascular e genital?

Unidade 4

Capítulo 1: A tecnologia no dia a dia

1 Seguindo as dicas, escreva o nome das tecnologias relacionadas ao dia a dia das pessoas.

a) Torna possível observar astros como a Lua e Marte. _____

b) Possibilita que os astronautas sobrevivam fora da Terra para realizar pesquisas. _____

c) Usado para observar coisas muito pequenas, como as células do sangue. _____

d) Nela se pode viajar pelo espaço. _____

e) Registra momentos importantes da vida das pessoas. _____

f) Amplia objetos, porém em pequena escala. _____

g) Possibilita analisar o corpo e identificar alterações nele. _____

h) Permite observar o desenvolvimento do bebê dentro do útero. _____

i) Permite observar objetos por cima de obstáculos. _____

j) Possibilita examinar as mamas e verificar se apresentam alterações, como tumores. _____

2 Identifique qual tecnologia está sendo mostrada em cada imagem a seguir.

Capítulo 2: Universo: astros e seus movimentos

1 Diferencie os movimentos de rotação e translação da Terra.

_____

_____

_____

2 Faça um desenho que represente a rotação e a translação da Terra. Depois complete as frases.

a) A rotação da Terra leva aproximadamente _____.

b) A translação da Terra leva aproximadamente _____.

c) Em decorrência da rotação da Terra se formam os _____ e as _____.

d) Como consequência da translação da Terra, associada ao eixo de inclinação do nosso planeta, temos as _____.

3 Explique o que significa a expressão "movimento aparente do Sol".

_____

_____

_____

_____

Capítulo 3: Lua: suas fases e o calendário

1 Em relação à Lua, analise as frases a seguir e marque um **X** nas que estiverem corretas.

☐ É o satélite natural da Terra.

☐ É um astro iluminado pelo Sol.

☐ Realiza apenas um movimento – o de rotação, ou seja, em torno dela mesma.

☐ Apresenta quatro fases principais: quarto crescente, quarto minguante, nova e cheia.

☐ Na fase quarto crescente, sua imagem lembra o formato da letra D.

2 Escreva o nome das fases da Lua representadas a seguir.

_____   _____   _____

3 Diferencie dia lunar de noite lunar.

_____
_____
_____
_____
_____
_____
_____

Capítulo 4: Estudando as constelações

1 As constelações são agrupamentos reais de estrelas. Você concorda com essa afirmação? Justifique sua reposta.

_____
_____

2 Qual é a importância das constelações para as pessoas?

_____
_____

3 Escreva o nome de duas constelações.

_____
_____

4 Represente, no espaço a seguir, a constelação do Cruzeiro do Sul e explique sua importância para os povos do Hemisfério Sul.

_____
_____
_____
_____

Referências

ALVES, Ana Luísa Hora. *Nutrição nos ciclos da vida*. Pós-graduação à distância. Instituto AVM Brasília-DF, 2010. Disponível em: <https://edisciplinas.usp.br/pluginfile.php/205734/mod_resource/content/1/mod_nutricao_nos_ciclos_da_vida_v2.pdf>. Acesso em: 26 abr. 2019.

BARBOSA, Déborah Márcia de Sá; BARBOSA, Arianne de Sá. Como deve acontecer a inclusão de crianças especiais nas escolas. In: ENCONTRO DE PESQUISA EM EDUCAÇÃO DA UNIVERSIDADE FEDERAL DO PIAUÍ, 3, 2004, Teresina. *Anais*. Disponível em: <http://leg.ufpi.br/subsiteFiles/ppged/arquivos/files/GT8.PDF>. Acesso em: 26 abr. 2019.

BOLONHINI JR., Roberto. *Portadores de necessidades especiais*: as principais prerrogativas dos portadores de necessidades especiais e a legislação brasileira. São Paulo: Arx, 2004.

BRASIL. Congresso Nacional. Câmara dos Deputados. *Estatuto da criança e do adolescente*. 15. ed. Brasília: Edições Câmara, 2015 [1990].

_____. Ministério da Educação. *Base Nacional Comum Curricular*. Brasília, 2017.

_____. Ministério da Educação. Secretaria de Educação Básica. Diretoria de Currículos e Educação Integral. *Diretrizes Curriculares Nacionais da Educação Básica*. Brasília, 2013.

_____. Ministério da Saúde. Secretaria de Atenção à Saúde. Departamento de Atenção Básica. *Guia alimentar para a população brasileira*. 2. ed. Brasília, 2014.

CACHAPUZ, António (Org.). *A necessária renovação do ensino das Ciências*. São Paulo: Cortez, 2011.

CANIATO, Rodolpho. *O céu*. São Paulo: Átomo, 2011.

COLL, C.; PALACIOS, J.; MARCHESI, A. (Org.). *Desenvolvimento psicológico e educação*. Porto Alegre: Artes Médicas, 1995.

DORNELLES, Leni Vieira; BUJES, Maria Isabel E. (Org.). *Educação e infância na era da informação*. Porto Alegre: Mediação, 2012.

FRAIMAN, Leonardo de Perwin e. *A importância da participação dos pais na educação escolar*. São Paulo. Dissertação (Mestrado em Psicologia) – Instituto de Psicologia da Universidade de São Paulo, 1997. Disponível em: <http://leofraiman.com.br/arquivos/Tese%20de%20Mestrado%20USP.pdf>. Acesso em: 26 abr. 2019.

FREIRE, Paulo. *Educação como prática da liberdade*. 34. ed. Rio de Janeiro: Paz e Terra, 2011.

GUYTON, Arthur C.; HALL, John E. *Textbook of medical physiology*. Filadélfia: Elsevier Saunders, 2006.

HEWITT, Paul G. *Física conceitual*. São Paulo: Bookman, 2015.

LAMPERT, Ernani (Org.). *Educação, cultura e sociedade*: abordagens múltiplas. Porto Alegre: Sulina, 2004.

LA TAILLE, Yves de; OLIVEIRA, Marta Kohl de. *Piaget, Vygotsky, Wallon*: teorias psicogenéticas em discussão. São Paulo: Summus, [s.d.].

MOREIRA, Marco A. *A teoria da aprendizagem significativa e sua implementação em sala de aula*. Brasília: Editora da UnB, 2006.

MORETTO, Vasco P. Reflexões construtivistas sobre habilidades e competências. *Dois Pontos:* Teoria & Prática em Gestão, v. 5, n. 42, p. 50-54, 1999.

SANTOS, W. L. P. Educação científica na perspectiva de letramento como prática social: funções, princípios e desafios. *Revista Brasileira de Educação*, Rio de Janeiro, v. 12, n. 36, dez. 2007. Disponível em: <http://www.scielo.br/pdf/rbedu/v12n36/a07v1236.pdf>. Acesso em: 26 abr. 2019.

SCHIEL, Dietrich; ORLANDI, Angelina Sofia (Org.). *Ensino de Ciências por investigação*. São Carlos: Centro de Divulgação Científica e Cultural/USP, 2009.

SCHROEDER, Carlos. *Atividades experimentais de Física para crianças de 7 a 10 anos*. Textos de apoio ao professor de Física, UFRGS, Instituto de Física, n. 16, 2005.

TEIXEIRA, Wilson et al. *Decifrando a Terra*. 2. ed. São Paulo: Companhia Editora Nacional, 2009.

TORTORA, Gerard J. *Corpo humano*: fundamentos de anatomia e fisiologia. 8. ed. Porto Alegre: Artmed, 2010.

Encartes

Peças para a atividade da página 58.
Alimentos de origem animal

Recortar

- frango assado
- queijo
- ovo frito
- manteiga
- peixe assado
- leite
- mel
- presunto fatiado
- coxa de frango
- filé grelhado

Peças para a atividade da página 58.
Alimentos de origem vegetal

Recortar

- suco de laranja
- azeite de oliva
- salada de folhas, tomate, pepino, cebola e azeitonas
- sopa de legumes
- salada de frutas
- feijão cozido e temperado
- amendoim, amêndoas e castanhas
- arroz com vegetais
- suco de maçã
- brócolis